AF409902

Phileas del Montesexto

ÉRASE UNA VEZ

Simbolismo iniciático
de los cuentos tradicionales

ORDEN ROSACRUZ INICIÁTICA

Primera edición: Abril 2023

ISBN 978-9915-41-693-9

Publicado por la Orden Rosa-Cruz Iniciática (ORCI)

administracion@rosacruziniciatica.org

www.rosacruziniciatica.org

CONTENIDO

Introducción

La enseñanza esotérica, a lo largo de la historia, ha logrado mantenerse viva e inalterada a través del tiempo gracias a su capacidad de esconderse y camuflarse en diversas formas culturales. Esta habilidad ha permitido que contenidos profundos logren camuflarse en cuentos infantiles, juegos, refranes y otros ingenios, los cuales, a simple vista, no parecen contener ningún tipo de mensaje relevante.

Sin embargo, estos ingenios han logrado sobrevivir a través de generaciones como "cápsulas del tiempo", transportando y conservando en su interior mensajes filosóficos poderosos. A través de estas formas culturales, la enseñanza esotérica se ha mantenido viva y accesible para aquellos que tienen los ojos y los oídos abiertos para percibir su significado profundo.

Los cuentos infantiles tradicionales (cuyo origen se pierde en la noche de los tiempos) tienen la virtud de transmitir de forma simple y amena un mensaje profundo y, como bien dice J.C. Cooper: *"Su cualidad arquetípica y sus formas simbólicas hacen que los cuentos de hadas resulten de fácil comprensión para distintas edades (en ambos sentidos de la palabra) y que culturas diferentes tiendan puentes y modos de aproximación entre los diversos niveles del entendimiento, no sólo en el ámbito cultural colectivo, sino en el individual humano, mostrando su lado iluminado y su lado oscuro, su conflicto mental y emocional"*. (1)

Estos relatos populares, conocidos como "cuentos de hadas", encierran una misma historia arquetípica que necesita ser contada y recontada para que cada uno de nosotros se dé cuenta de que **esa** historia es **nuestra** propia historia. A través de personajes simbólicos que representan fuerzas y energías presentes en nuestro interior, estos cuentos nos muestran una realidad que habita en nosotros mismos.

Así, el cuento se convierte en una herramienta para describir una realidad que está **dentro de nosotros**. El reino cubierto de espinas, la princesa dormida y el príncipe valiente y heroico que se abre camino ante las adversidades y mata al dragón, todos ellos están dentro de nosotros.

Es por eso que, antes de abordar los cuentos clásicos desde una perspectiva simbólica, es importante tener en cuenta que todas estas narraciones son monotemáticas, ya que cuentan una misma historia y tienen una única protagonista: el alma. A través de los cuentos de hadas, podemos comprender mejor nuestras emociones, conflictos internos y deseos más profundos, y encontrar formas de superarlos y evolucionar hacia una vida más plena y trascendente.

Es el alma, pues, la que desciende al mundo, abandona su hogar, se enfrenta a múltiples pruebas y obstáculos para irse purificando paulatinamente, aprender las lecciones de la vida y cumplir finalmente su misión existencial. Esta alma aparece, en los diferentes cuentos, ataviada de múltiples ropajes: es el patito feo, es Pinocho, es Cenicienta, es Rapunzel…

Así como se dice que todos los caminos conducen a Roma, podemos decir que todos los cuentos de hadas conducen al alma. Pero, ¿a qué nos referimos cuando hablamos de "alma"?

El alma como protagonista

En las corrientes iniciáticas tradicionales se habla de una naturaleza humana trina o trinitaria, con un principio mortal (el cuerpo), un principio inmortal (el espíritu) y un intermediario entre ambos, un principio vital que "anima" y provee de vida al conjunto y que es llamado "alma".

Esta concepción de tres principios fundamentales puede profundizarse aún más y es posible encontrar enseñanzas más complejas como los koshas de la India (una división quinaria) o el bien conocido septenario teosófico, introducido en occidente por Helena Petrovna Blavatsky.

Aunque existen muchas formas de entender la naturaleza humana desde una perspectiva espiritual, siempre se contempla un elemento material (nuestra vinculación con la tierra) y un elemento espiritual que nos conecta con lo trascendente. En la Cábala, por ejemplo, se habla de Malkuth y Kether. A pesar de las diferentes terminologías, todas buscan describir lo mismo desde distintas perspectivas.

La Tradición Iniciática Occidental entiende al ser humano como una entidad trina, aunque en ocasiones se vale del esquema septenario para profundizar en algunos aspectos del ser, recordando siempre que cada uno de nosotros es una entidad espiritual viviendo una experiencia material.

Resumiendo: el cuerpo es el vehículo material que nos permite interactuar con el plano físico, el cual comprende nuestra naturaleza más densa, lo biológico, lo instintivo. Este vehículo, para subsistir, necesita de una energía vital o prana. El espíritu, por su parte, debe ser entendido como nuestro punto de unión con lo trascendente, Dios en nosotros, la chispa divina.

Por último, debemos entender al alma como el puente que permite conectar lo alto y lo bajo, la materia y el espíritu, al mismo tiempo que es el elemento que "anima" (vitaliza) y da sentido a todo nuestro ser.

Como intermediaria, el alma tiene dos partes bien diferenciadas, una que es inmortal y la otra mortal.

El alma inmortal, también conocida como alma espiritual o alma-peregrina, es nuestra identidad más profunda que encarna una y otra vez, trascendiendo la existencia corporal. Cuando el alma regresa a la vida, necesita vehículos adecuados para manifestarse y expresarse: un cuerpo físico para desplazarse y satisfacer sus necesidades de supervivencia, y otros dos vehículos, el emocional y el mental, que juntos forman el alma-personalidad, también conocida como psyche, nuestro mundo psicológico.

La palabra "peregrino" proviene de "extranjero", lo que destaca la naturaleza viajera del alma-peregrina, ya que necesita aprender, experimentar y perfeccionarse a través de sucesivas encarnaciones. En este proceso, la conciencia se expande a medida que se experimentan diferentes "aperturas de conciencia", mojones existenciales que marcan el sendero de regreso a casa, la vuelta a la Unidad. En todas las vidas sucesivas, el alma espiritual es el hilo conductor que une todas las experiencias y aprendizajes.

Esta larga peregrinación del alma tiene como final la reintegración, concepto que se encuentra presente en todas las tradiciones espirituales. La reintegración (o regreso a casa) no es otra cosa que el momento en el que el alma-peregrina deja de viajar y se reintegra a la Unidad después de haber vagado durante miles de años. Es el momento en el que el alma encuentra su hogar y se funde con la fuente divina de la que proviene.

Volviendo al punto anterior, podemos apreciar que el alma tiene dos movimientos bien definidos: uno ascendente y otro descendente. El movimiento ascendente implica recuperar las alas y volar a lo más alto, conectándonos con nuestra identidad profunda y recordando quiénes somos. Este movimiento nos lleva hacia la luz, la verdad y la plenitud de la existencia. Por otro lado, el movimiento descendente implica el olvido de nuestra naturaleza profunda. Este movimiento nos lleva hacia la oscuridad, la ignorancia y la separación. Estos dos movimientos se corresponden, respectivamente, al alma-peregrina (o espiritual) y al alma-personalidad.

Estos dos movimientos están presentes en cada uno de nosotros y se manifiestan internamente en la forma de una guerra interior, un conflicto existencial con avances y retrocesos que nos conectan con lo alto o con lo bajo. La lucha constante entre la luz y la oscuridad, entre el bien y el mal, es una muestra de la batalla que se libra en nuestro interior y que nos lleva a la evolución y al crecimiento espiritual.

Es por eso que los cuentos tradicionales hablan de esta lucha interna y de la importancia de elegir el camino correcto para alcanzar la reintegración. Los cuentos nos muestran que la vida es un viaje lleno de desafíos y pruebas que nos permiten crecer y evolucionar. Nos enseñan que la sabiduría y la verdad están dentro de nosotros y que debemos buscarlas para alcanzar la plenitud y la realización espiritual.

De esto —y de nada más— nos hablan los cuentos de hadas.

El alma siempre se cuela

Dice Mircea Eliade: *"Es bien conocido en la historia de las religiones: la epifanía de lo sagrado en un objeto profano que constituye al mismo tiempo un camuflaje, porque lo sagrado no es evidente para cualquiera...".* (2)

Como hemos visto, la enseñanza esotérica siempre ha sabido adoptar las formas más insólitas para camuflarse, desde un mazo de cartas, un juego de niños, e incluso un cuento de hadas. Por esta razón, y por su camaleónica adaptación a los tiempos y a las nuevas realidades, los cuentos son una herramienta perfecta para la transmisión de conocimiento atemporal y metafórico. Son "cápsulas del tiempo" que nos permiten explorar nuestro mundo interior y conectarnos con la sabiduría ancestral que ha perdurado a lo largo de los siglos.

Sin embargo, una pregunta que siempre surge es si los autores de estos cuentos tenían la intención de hablar de temas trascendentes o si estamos interpretando sus palabras de manera errónea al buscarle significados ocultos. Es importante tener en cuenta que la fuente creativa de todo lo que se desarrolla en la mente consciente y, por ende, de toda creación artística es el inconsciente, un manantial profundo que nos conecta con lo que verdaderamente somos.

Los cuentos pueden ser interpretados de muchas maneras, dependiendo de la perspectiva y experiencia de cada individuo. En última instancia, lo que importa no es tanto la intención del autor, sino el significado que cada uno de nosotros encuentre en ellos. Los cuentos pueden ser una herramienta poderosa para explorar nuestro mundo interior, descubrir nuestras fortalezas y debilidades, y encontrar respuestas a preguntas existenciales.

Además, los cuentos se han transmitido de generación en generación porque contienen verdades universales que son relevantes en cualquier época y lugar. Nos permiten explorar la condición humana y comprender mejor nuestras emociones, pensamientos y comportamientos.

Por lo tanto, aunque quieran amordazarla, negarla, ignorarla, olvidarla, menospreciarla, más aún en nuestro Occidente descreído, el alma se resiste a ser avasallada y sigue colándose, metiéndose entre las rendijas, abriéndose paso en la adversidad.

A menudo se habla de la profanación y tergiversación de los cuentos por parte de la industria cinematográfica, especialmente en el caso de las versiones de Disney. Sin embargo, la verdad es que el alma siempre encuentra la forma de colarse y hacerse presente a través de los símbolos, que son escurridizos y polisémicos. Como dijo Eliade: *"El cine encierra aún esa enorme posibilidad de narrar un mito y de camuflarlo maravillosamente, no sólo en lo profano, sino incluso en cosas casi degradadas o degradantes"*. (3)

La enseñanza esotérica siempre estará resguardada y a cubierto detrás de la corteza,, y sea cual sea la versión que elijamos de estos cuentos universales (Perrault, los hermanos Grimm, Saturnino Calleja o Walt Disney), nuestra tarea siempre será la misma: abrir bien grandes los ojos y mirar más allá de lo evidente.

El que tenga oídos, que oiga. El que tenga ojos, que vea.

Blancanieves

"Había una vez una reina que se dedicaba a la costura sentada cerca de una ventana con marco de ébano negro. Los copos de nieve caían del cielo como plumones.

Mirando nevar se pinchó un dedo con su aguja y tres gotas de sangre cayeron en la nieve. Y en ese momento, la reina dijo:

–¡Ojalá tuviera una niña tan blanca como la nieve, tan roja como la sangre y tan negra como la madera de ébano!

Poco después tuvo una niñita que era tan blanca como la nieve, tan encarnada como la sangre y cuyos cabellos eran tan negros como el ébano. Por todo eso fue llamada Blancanieves. Y al nacer la niña, la reina murió".

Así comienza la historia de Blancanieves, donde podemos apreciar una noble dama en vinculación con tres colores: el Negro, el Blanco y el Rojo, los mismos que aparecen asociados a las tres fase del proceso alquímico: el Nigredo (Obra al Negro), el Albedo (Obra al blanco) y el Rubedo (Obra al Rojo). Estos colores representan las pruebas que el alma debe superar antes de alcanzar la purificación final. Esta es la primera pista sobre el simbolismo del cuento.

El negro simboliza la muerte y la putrefacción necesaria del Nigredo, el blanco representa la pureza y la luz que surge después de las tinieblas del Albedo, y el rojo simboliza el amor, la sangre y la piedra filosofal del Rubedo.

Por lo tanto, Blancanieves es el fruto de una idea materializada, de algo que comenzó con un pensamiento inspirador de su madre. Pero el cuento nos dice que cuando la niña nace, la madre muere, y aquí se nos está dando una segunda pista: algo que nace y algo que perece, lo cual hace referencia a una ley espiritual bien conocida en los ámbitos iniciáticos: cuando se nace en el mundo material, se muere al mundo espiritual, y –por el contrario– cuando se nace en el mundo espiritual se muere en el mundo material. A este doble proceso le llamamos vida y muerte, pero apreciado en su totalidad es un proceso con dos fases complementarias. El delfín, al desplazarse en el mar, simboliza esta idea. Cuando salta a la superficie, surge a la existencia, mientras que al sumergirse "deja de existir" para nuestra percepción limitada, aunque en realidad sigue vivo en un espacio invisible a nuestros ojos.

De este modo, el alma (Blancanieves) encarna en la tierra, en el plano físico, en un castillo donde queda a cargo de una madrastra. Del rey poco sabemos, pero no importa demasiado para esta historia. Lo sustancial aquí es la madrastra y el castillo.

Los castillos son construcciones pétreas, generalmente cuadradas o rectangulares, que proporcionan protección pero también aislamiento. Generan un espacio cerrado donde no hay lugar para la aventura. Representan el plano material, la vida sin contratiempos y con todas las necesidades satisfechas, lo que se puede denominar "zona de confort".

La madrastra, una mujer hermosa, representa al ego obsesionado por las apariencias. Continuamente pregunta al espejo *"¿Quién es la más hermosa del reino?"* y siempre obtiene la respuesta: *"Tú, reina mía"*. Sin embargo, cuando Blancanieves cumple siete años (una edad simbólica que representa un momento de madurez espiritual), el espejo cambia su respuesta y dice: *"La Reina es la más hermosa de este lugar, pero la linda Blancanieves lo es mucho más"*. Esto significa que la belleza del alma siempre es superior a la belleza física y al mundo de las apariencias.

Entonces, el espejo mágico –que puede ver en profundidad– es sincero y más o menos le dice a la Reina: *"si hablamos de lo aparente, por supuesto, tú eres la más hermosa, pero si miramos más allá de lo evidente, queda claro que Blancanieves posee una belleza que no puede compararse"*.

En este momento, el ego se da cuenta de que tiene competencia y sus celos comienzan a crecer. Fragua un plan para deshacerse de Blancanieves y llama a un cazador de confianza, ordenándole: *"Lleva a esa niña al bosque. No quiero volver a verla. Mátala y tráeme sus pulmones y su hígado como prueba"*.

El cazador, por lo tanto, es el personaje que saca a Blancanieves del castillo, de ese lugar donde el alma no tenía posibilidades de experimentar mucho más ni de superar pruebas y desafíos.

En el límite del bosque, Blancanieves se da cuenta de las intenciones del hombre y le suplica: *"¡Mi buen cazador, no me mates!; correré hacia el bosque espeso y no volveré nunca más"*.

Siendo así, el cazador –que debía matar a la niña– decide fingir su muerte. Caza un ciervo (o un cerdo en otras versiones), extrae sus pulmones y su hígado, y los lleva a la reina como prueba de que ha

cumplido su misión. El cocinero los cocina con sal, y la malvada mujer los come creyendo que son los pulmones y el hígado de Blancanieves. Esta escena es bastante espantosa, pero nos muestra al ego devorando (o creyendo devorar) los restos mortales de Blancanieves, el alma.

En este momento, Blancanieves experimenta una segunda muerte. La primera es su nacimiento en el plano físico y la muerte en el plano espiritual, que se puede ver al comienzo del cuento. La segunda muerte ocurre cuando se despega del mundo de las apariencias y comienza un viaje iniciático a través de un bosque tenebroso.

En su travesía por el bosque, Blancanieves logra dejar atrás el mundo profano del castillo y la materia dura y pura, para adentrarse en un lugar nuevo, desafiante y oscuro, donde experimenta la Nigredo y la putrefacción. Finalmente, encuentra la cabaña de los siete enanos, que será su lugar de purificación y entrenamiento.

Los bosques y las selvas siempre han sido lugares de pruebas, espacios sagrados donde se oculta un conocimiento misterioso. Podría incluso parafrasearse el axioma alquímico del VITRIOL y decir: *"Visita el interior del bosque y, rectificándote, encontrarás la cabaña escondida".*

Como es bien sabido, el candidato a la iniciación debe pasar por un período de tinieblas y experimentar una muerte simbólica antes de alcanzar la luz. En otras palabras, el aspirante siempre debe descender a los infiernos para regresar purificado a la superficie.

Después de superar las duras pruebas del bosque, Blancanieves encuentra una cabaña que, según el cuento, *"era pequeña pero tan hermosa y limpia como se pueda imaginar"*. Este espacio cerrado será el atanor (horno alquímico) donde la niña se perfeccionará en conexión con siete fuerzas o energías representadas por los siete enanos.

Según reza el enunciado hermético "como es arriba es abajo", lo cual tiene como corolario otro otro enunciado: "como es afuera es adentro". Esto se refleja en la Gran Obra alquímica, donde los siete planetas de la antigüedad que están "arriba" en el cielo (Saturno, Marte, Venus, Júpiter, Mercurio, Luna y Sol) corresponden a los siete metales que están "abajo" en la tierra (Plomo, Hierro, Cobre, Estaño, Mercurio, Plata y Oro).

Lo interesante es que estas siete energías que están "arriba" (planetas) y "abajo" (metales) también están "adentro" de nosotros mismos y la Tradición los denomina chakras, centros sutiles, ruedas, los cuales son el fundamento de la llamada "Alquimia Interior".

Por lo tanto, la cabaña no es otra cosa que un atanor alquímico, un horno o compartimento estanco, donde Blancanieves debe convivir, trabajar y purificarse en conexión con esas siete energías o fuerzas representadas por los enanos.

Los enanitos trabajaban en una mina extrayendo metales, ¿qué otra cosa podían hacer? Sus personalidades no fueron delineadas ni diferenciadas hasta que llegó la película de Walt Disney, en 1937. En ese film, cada enano recibió un nombre y su personalidad se moldeó de acuerdo a determinado planeta. Alegre tiene un carácter solar, Dormilón lunar, Gruñón marcial, etc.

Para que Blancanieves pudiera quedarse en la cabaña, los enanos le pusieron algunas condiciones que, hoy en día, pueden sonar algo machistas, pero que tienen un carácter simbólico: *"Si quieres hacer las tareas de la casa, cocinar, hacer las camas, lavar, coser y tejer, y si tienes todo en orden y bien limpio, puedes quedarte con nosotros; no te faltará nada"*.

En otras palabras, los enanos le proponen a Blancanieves una disciplina sencilla pero eficaz relacionada con el orden y la limpieza, que nos recuerda al duro entrenamiento del señor Miyagi a Daniel-San en Karate Kid: "Pulir, encerar".

Los enanos, que habían escuchado la historia de la niña y el intento de asesinato por parte del cazador, le advierten: *"Cuida de ti misma, pronto tu madrastra sabrá que estás aquí. No dejes entrar a nadie"*. En otras palabras, le piden que mantenga a raya al ego y que siga trabajando en su interior dentro de la cabaña.

En esos momentos, la madrastra se entera del engaño del cazador a través del espejo parlante, que le dice: *"La Reina es la más hermosa de este lugar, pero, más allá de los bosques, en la casa de los siete enanos, la linda Blancanieves es mucho más hermosa"*.

Llena de odio, la madrastra se disfraza de una vieja buhonera (en la historia de Disney, se transforma mediante la magia negra) y atraviesa las siete montañas hasta llegar a la cabaña de los siete enanos, donde intenta matar a Blancanieves primero con una cinta de seda (es decir, trata de ahorcarla), luego con un peine con veneno y finalmente con una manzana envenenada.

En su tercer intento, la malvada madrastra logra su cometido y grita: *"Blanca como la nieve, roja como la sangre, negra como el ébano. ¡Esta vez los enanos no podrán reanimarte!"*. De esta manera, Blancanieves finalmente cae al suelo sin vida, y se produce la tercera muerte.

Es interesante que el instrumento elegido para la muerte de la joven sea una manzana, la fruta que se vincula con la caída de Adán y Eva en el mito primordial que nos habla de la separación con la divinidad. Al comer la manzana, Blancanieves cae en una especie de sopor que solamente puede culminar con la intervención del Espíritu, es decir, el Príncipe.

Pero primero, analicemos el lugar donde se coloca el cuerpo de Blancanieves. Según el cuento, *"Los enanos hicieron una urna de vidrio para que se pudiera ver desde todos los ángulos, la pusieron adentro e inscribieron su nombre en letras de oro proclamando que era hija de un rey. Luego expusieron la urna en la montaña. Uno de ellos permanecería siempre a su lado para cuidarla. Los animales también vinieron a llorarla: primero una lechuza, luego un cuervo y más tarde una palomita"*. Estos son otros elementos simbólicos interesantes porque la lechuza siempre ha representado la sabiduría, mientras que el cuervo negro y la paloma blanca siempre están vinculados a las etapas alquímicas de Nigredo y Albedo.

En ese lugar, en ese verdadero sarcófago iniciático, en ese capullo de seda, habrá una metamorfosis, un proceso interior que es invisible a los ojos de los enanos, pero que terminará manifestándose con el beso del príncipe para representar la unión de los opuestos, el alma y el Espíritu, Shiva y Shakti, en las llamadas "bodas químicas" del Azufre y del Mercurio, a través de las cuales se genera el sagrado andrógino, el Rebis.

Versiones consultadas

Grimm, Wilhelm y Jacob: Cuentos de niños y del hogar, volumen 2. Ediciones generales Anaya, Madrid, 1985.

Walt Disney Productions: Blancanieves y los siete enanos (Snow White and the Seven Dwarfs), largometraje de animación, 1937.

Rapunzel

Rapunzel es uno de los cuentos tradicionales recogidos por los Hermanos Grimm a principios del siglo XIX, pero tiene varias influencias anteriores, como Petrosinella del napolitano Giambattista Basile de 1634, un cuento recogido del acervo popular italiano cuyo origen aún no ha sido determinado. Incluso en la tradición persa, existe otro antecedente llamado "Rudaba".

En 2010, Disney presentó su versión de Rapunzel en forma de comedia y la llamó "Enredados". Aunque muchos elementos fueron alterados, la historia básica permanece.

La historia clásica de Rapunzel nos habla de una pareja de campesinos que deseaba tener un hijo y vivía al lado de una huerta que pertenecía a una bruja malvada llamada Gothel. Después de un tiempo, la esposa finalmente quedó embarazada y tuvo un antojo: comer rapónchigos, que son una especie de nabos que crecían en el terreno de su vecina. Tanto insistió la mujer que su esposo saltó la valla, arrancó unos rapónchigos, pero cuando iba a volver a casa, fue descubierto infraganti por la bruja.

Gothel lo acusó y el pobre hombre no tuvo otra opción que implorar piedad. La bruja aceptó perdonarlo, pero a cambio, el campesino tendría que entregarle a su hijo en el momento de nacer. Acongojado por la situación pero resignado, el campesino accedió.

Al nacer el bebé, una hermosa niña de cabellos de oro, la bruja apareció, lo tomó en sus brazos y le puso el nombre de la planta que había ocasionado la situación: Rapunzel, que es la forma alemana de "rapónchigo".

A los doce años, Gothel encerró a Rapunzel en una torre muy alta en el medio del bosque, sin puerta de acceso. Para que la niña permaneciera viva y tuviera sus necesidades básicas cubiertas, la bruja la visitaba todos los días, llevándole alimento y bebida.

Para poder entrar por la alta ventana, la vieja le pedía a Rapunzel que arrojara sus largos cabellos por la ventana y exclamaba: *"¡Rapunzel, Rapunzel, deja tu pelo caer, así puedo trepar por la escalera dorada!"*. Así pasaron años y la niña permaneció encerrada, teniendo contacto con el exterior solamente a través de la bruja.

Un día, un príncipe que atravesaba el bosque escuchó un canto que venía de lejos. Buscó la procedencia de la melodía y descubrió que venía de la torre. Intrigado, regresó varias veces hasta que vio a la bruja y escuchó las palabras que le permitieron subir: *"Rapunzel, Rapunzel, deja tu pelo caer, así puedo trepar por la escalera dorada"*. El príncipe y Rapunzel se enamoraron y planearon el escape. Pero Gothel descubrió el romance y llevó a Rapunzel al desierto, le cortó el cabello y la abandonó.

Aún ciego, el príncipe siguió buscando a Rapunzel y finalmente la encontró en el desierto gracias a su canto. Las lágrimas de Rapunzel le devolvieron la vista y pudieron reunirse con sus hijos gemelos. Finalmente, la pareja regresó al castillo y se casaron.

Este es un resumen del cuento de Rapunzel. Ahora, veamos algunos aspectos simbólicos del mismo.

En primer lugar, tenemos tres personajes determinantes en este cuento: Rapunzel, el príncipe y la bruja, y dos personajes secundarios, los padres. Con estos pocos personajes se configura la historia.

Los padres son los que generan las condiciones propicias para que el alma encarne en el plano físico, y en este cuento el alma es la bebé, que al nacer pasó a ser controlada por el ego (la bruja), que es quien le puso un nombre.

A los doce años, Rapunzel es encerrada en una torre sin puerta. El número 12 no es casual, ya que en muchas culturas marca la madurez personal y comunitaria. Por ejemplo, Jesús apareció por primera vez en público cuando tenía 12 años, y para las niñas judías el número 12 marca su madurez personal y frente a su comunidad, en una instancia llamada "Bat Mitzvah". En otras palabras, cuando Rapunzel cumple doce años y comienza su pubertad o adolescencia inicial, es recluida y separada del mundo de los estímulos.

La torre del cuento nos recuerda el arcano 16 del tarot, esa gran construcción que se derrumba, un edificio que estaba destinado a la protección y a la seguridad, pero que terminó convirtiéndose en una prisión, en un espacio bien delimitado donde no hay aventura, es decir no hay lugar para las pruebas. Esto lo hemos apreciado también en el cuento de Blancanieves.

La torre simboliza la construcción que se derrumba, una prisión que separa a Rapunzel del mundo exterior y la limita en su crecimiento.

La seguridad encorsetada, el mundo de lo conocido, termina creando una burbuja, un espacio pequeñito, limitado y confortable que nos condena a olvidar nuestra identidad esencial. Es un mundo artificial que –por costumbre– terminamos aceptando como natural. En otras palabras, estamos hablando de una pequeña porción de la realidad (aislante, separadora) que solemos confundir con "toda" la realidad. Por esta razón, la caída de la torre en el simbolismo del tarot debe ser vista como un proceso de derrumbe de estructuras obsoletas y también de purificación.

¿Cómo se conecta Rapunzel (el alma) con el mundo? A través la bruja (el ego), que le suministra todos los elementos necesarios para que se mantenga viva, es decir que sobreviva (aunque sea infeliz).

El cabello largo de Rapunzel oficia de puente con la realidad, pero a una realidad que está supeditada al ego. Es el ego, con sus prejuicios y limitaciones, quien interpreta y relata a Rapunzel lo que sucede afuera.

¿Qué simboliza el cabello? Tradicionalmente, se considera una extensión de la cabeza, el área del cuerpo que relacionamos con los pensamientos. Por lo tanto, los cabellos son una manifestación física de los pensamientos y emociones.

En este cuento, el cabello de Rapunzel representa sus pensamientos y emociones, que se conectan con dos cosas: con la bruja, es decir con el ego, y con el príncipe, que representa el Ser, el Yo superior. En la Teosofía se habla de una mente superior (Manas) y una mente inferior o mente de deseos (Kama-manas). En cierta forma en Rapunzel existen esas dos tendencias, hacia lo bajo y hacia lo alto.

La muchacha siente ese tironeo, el mismo que se puede apreciar en el arcano del tarot del enamorado, al que se le presentan dos opciones: la seguridad y la comodidad del hogar, y por otro lado la libertad y la aventura. Esta es la gran decisión que todos enfrentamos tarde o temprano: seguridad o libertad, y en el caso de Rapunzel, la seguridad la brinda la torre, que también es una cárcel, donde vive una vida sin grandes contratiempos, mientras que la libertad se presenta a través del príncipe.

Aunque sus necesidades básicas están cubiertas por la bruja, el alma (Rapunzel) está insatisfecha y siente un vacío. Necesita "algo más" y por eso se dedica a cantar, su canto es una plegaria que llegará a oídos del príncipe, que representa el Espíritu, nuestra porción divina.

De este modo, el alma y el Espíritu entran en contacto. El príncipe es la parte divina que llega de improviso para romper la monotonía y despertar al alma de su letargo, proponiendo una libertad fuera del ego y de la zona de confort que ciertamente es "confortable" pero insatisfactoria.

Sin embargo, el ego termina por descubrir esa relación secreta, y aquí vale hacer un paréntesis aclaratorio. Aunque en las historias el ego aparezca casi siempre como malvado en verdad es una exageración simbólica, ya que éste es quien nos permite interactuar con el plano material. No es malo en sí mismo, sino que lo malo es identificar nuestro Yo con ese ego, con ese el "falso yo" creado por la mente, cuando en verdad nuestra identidad (es decir, nuestro verdadero Yo) es algo más profundo.

Las corrientes tradicionales son claras en este punto y enseñan que ese ego siempre debe estar subordinado al otro Yo, al Ser. El ego, por lo tanto, debe ser siervo y no amo. Recalco este punto porque en él se resumen gran parte de las enseñanzas iniciáticas.

Gothel (el ego) se siente amenazada y lleva a Rapunzel al desierto. Como en las telenovelas melosas de los 80 le dice algo así como: "Serás mía o de nadie", cortándole el cabello en el acto. El desierto es un marco simbólico importante que siempre aparece como un lugar de pruebas, de crecimiento. Por ejemplo, podemos recordar a Jesús en el desierto, a los judíos atravesando las tierras de Egipto hacia la Tierra prometida, etc.

No obstante, nadie puede alejar lo que está destinado a unirse y el príncipe –aun sin poder ver– recorrer pacientemente todos los lugares del reino en búsqueda de su amada. Finalmente, en el desierto, escucha el canto de Rapunzel y llega hasta ella.

Las lágrimas de Rapunzel (entendiendo este llanto como un elemento purificador, símbolo del sacrificio) logran devolver la vista al príncipe, y en ese momento éste descubre que tiene una hija y un hijo, gemelos, una alusión al andrógino alquímico, el Rebis, el producto final de la coincidencia de los opuestos.

Por último, ambos regresan al reino, simbolizando con esto la vuelta al casa del padre, en el final feliz de la re-integración.

Versiones consultadas

Grimm, Wilhelm y Jacob: Cuentos de niños y del hogar, volumen 1. Ediciones generales Anaya, Madrid, 1985.

Walt Disney: Enredados (Tangled), largometraje de animación, 2010.

Los tres cerditos

Las versiones impresas más antiguas del cuento de los tres cerditos se remontan a mediados del siglo XIX, pero se cree que la historia en sí misma es mucho más antigua.

El relato empieza con tres cerditos que abandonan el hogar. Su madre los despide y cada uno emprende su propio camino. El primer cerdito construye una casa de paja, el segundo de madera y el tercero de ladrillos. Un lobo feroz se presenta ante la primera casa y pide al puerquito que lo deje entrar. Con la negativa, el lobo amenazante dice: *"Entonces soplaré, soplaré y la casa derribaré"*.

Derribada la choza del primer cerdito, el lobo lo devora y acude a la casa del segundo cerdito y hace exactamente lo mismo. Al final, al llegar ante la vivienda de ladrillos y cemento, no puede derribarla e intenta engañar al cerdito de varias maneras. Al final, decide bajar por la chimenea, pero el chanchito previsor había colocado un gran caldero de agua hirviendo en el que cayó el lobo. En las primeras versiones, el lobo es cocinado a fuego lento por el cerdito que finalmente se lo come.

En la versión más conocida (la de Walt Disney), los dos primeros cerditos no mueren y el último chanchito tampoco se devora al malvado lobo.

Entre los aspectos simbólicos que tenemos que destacar al analizar el cuento, el primero que podemos apreciar es el número de los cerditos. Aquí el número tres es un elemento literario importante ya que tres es el número más pequeño de elementos que se precisan para generar un patrón reconocible en nuestra mente. Hay una frase latina que está en concordancia con esto y que dice *"omne trium perfectum"*, es decir *"todo lo que en formato de tres es perfecto"*. Una vez es una excepción, dos veces es una rareza, pero tres veces deja en evidencia un patrón.

Por lo tanto, en este punto podemos notar que existe un simbolismo claro asociado a tres grados, niveles o escalones, que en la obra alquímica se manifiesta en tres grandes etapas (Nigredo, Albedo, Rubedo), en el viaje del héroe con tres grandes secciones (Partida, Iniciación, Regreso) y en los templos de la antigüedad con tres partes bien diferenciadas: el Pronaos o pórtico, el Naos (la "nave", espacio donde se realizan las ceremonias) y el Sancta Sanctorum o cámara sagrada.

En la enseñanza iniciática, encontramos tres ámbitos: lo exotérico, lo mesotérico y lo esotérico. Lo exotérico es lo externo, lo visible, mientras que lo esotérico es lo interno, lo invisible, y entre ambos está lo mesotérico, el proceso de comprensión gradual de lo esotérico. Este esquema de tres partes también está presente en la Masonería, con los tres grados simbólicos: Aprendiz, Compañero y Maestro.

En ocasiones se dice que el relato de los tres cerditos fue escrito por un masón desconocido, lo cual no puede comprobarse pero es evidente que los tres cerditos están representando esos tres niveles o estados, uno preliminar, otro liminar y el tercero posliminar, cada uno asociado con la materia prima de la Masonería, la piedra, que en una primera instancia es una piedra bruta que después de ser trabajada con constancia y disciplina se convierte en una piedra cúbica y finalmente en una piedra cúbica en punta.

En esta sucesión de tres partes, se nota el sentido evolutivo de los tres cerditos. El primer cerdito prefiere el mínimo esfuerzo y construye una choza primitiva, que el lobo derriba fácilmente. El segundo cerdito usa madera y clavos, lo que supone un avance, pero su esfuerzo no es suficiente y el lobo también logra derribarla. El tercer cerdito construye una casa sólida y fuerte, bien protegida.

El cuento muestra la dicotomía entre placer y voluntad, entre hacer las cosas rápidamente y mal, o hacerlas con dedicación y con fundamentos sólidos. Este punto lo conocemos muy bien en el ámbito de la Filosofía Iniciática, donde siempre se ha dicho que entre el camino fácil y el difícil, el discípulo elige el correcto, que la mayoría de las veces suele ser el difícil, contracorriente y ascendente.

Entonces, desde una visión "progresista" (en el sentido de un progreso que marca el rumbo y que está "adelante") la evolución de los tres cerditos está supeditada a elementos técnicos. La inteligencia del tercer cerdito se hace patente en su instrumento musical: el piano, que para ser elaborado necesita ciertamente más avances tecnológicos que una simple flauta e incluso que un violín, y también se nota en su vivienda: una construcción de ladrillos en oposición a una simple choza o una cabaña de madera. Esta interpretación está en consonancia con el dogma del progreso que fue el norte de las sociedades industrializadas de los siglos XIX y XX.

Desde la otra visión, que podríamos llamar "espiritualista", también puede apreciarse un progreso pero no técnico ni material sino desde la conciencia. Ojo: desde la Filosofía Iniciática nunca (o casi

nunca) hablamos de un progreso sino de un regreso, una vuelta hacia algo que hemos perdido.

Los tres cerditos representan ese proceso que está vinculado a diferentes niveles, grados o estados de conciencia, que relacionados al número tres serían: el Sueño, la Vigilia relativa y la Vigilia constante, o sea la conciencia totalmente dormida, la conciencia que parece despierta pero que actúa la mayoría de las veces de forma automática y la conciencia despierta.

El lobo en el cuento de los tres cerditos representa la amenaza, Satán como el adversario que desde afuera intenta desbaratar nuestros intentos de consolidar nuestro propio espacio, nuestro hogar. El tercer cerdito, el constructor disciplinado y consciente, nunca podrá ser derrotado por el adversario, ya que se ha preocupado por construir su morada con bases muy sólidas.

Al leer el cuento, solemos identificarnos con el tercer cerdito, Práctico, y no con los otros dos, Flautista y Violinista, ni con el lobo. Sin embargo, es importante cuestionarnos si realmente actuamos como el tercer cerdito en nuestra vida, o si estamos construyendo nuestro hogar con materiales débiles. ¿Con qué material estamos construyendo nuestra morada? ¿Con paja? ¿Con madera? ¿Con ladrillos? ¿Sobre qué fundamentos está edificada nuestra existencia?

Respecto a la versión de Disney, algunos aseguran que Walt Disney era masón y que los tres cerditos representan los tres grados. En rigor de verdad, aunque está bien documentado que Disney no era masón (como veremos en un capítulo de este libro), es cierto que los tres personajes del cuento muestran un proceso de tres etapas que se corresponde con los grados de Aprendiz, Compañero y Maestro.

¿Qué argumentos esgrimen quienes ven una historia masónica en el relato de los tres cerditos?

En primer lugar, se ha afirmado que una prueba de la condición masónica de los tres cerditos de Disney son los guantes blancos que usan, los mismos que se entregan en la iniciación. Sin embargo, esta afirmación carece de fundamento ya que los dibujantes de caricaturas, desde los primeros tiempos de animación, se dieron cuenta de que dibujar manos con cinco dedos no quedaba estético ni era fácil de animar. Por eso, comenzaron a dibujar manos con cuatro dedos y les pusieron guantes blancos a los personajes para distingirlas del fondo. Esto lo podemos apreciar en Bugs Bunny, el super ratón, Goofy y muchos otros.

En primer lugar, se afirma que una prueba de la condición masónica de los tres cerditos de Disney son los guantes blancos que usan, los mismos que se entregan en la iniciación. Aquí vale la pena hacer un paréntesis. Los dibujantes de caricaturas, en los primeros tiempos de animación se percataron que las dos partes más expresivas del cuerpo humano eran la cara en primer lugar y las manos en segundo lugar. Sobre las manos pronto se dieron cuenta que dibujarlas con cinco dedos no quedaba muy estético, que era bastante difícil de animar y también que en los dibujos en blanco y negro las manos negras se confundían con el fondo de color negro. Para solucionar esto, empezaron a dibujar manos con cuatro dedos, costumbre que

se continúa hasta en las caricaturas modernas, y les pusieron guantes blancos a los personajes, por eso vemos guantes blancos en los tres cerditos, pero también en el lobo, en Tribilín, en Bugs Bunny, en Pinocho, en el Super Ratón y en otros muchos personajes.

Por último, se afirma en forma rotunda que en la casa de los chanchitos hay un mandil representado en la pared. Bueno, si vamos a la escena de la película notaremos que el cuadro que dice "Father" (Padre) más que masónico deja en evidencia cierta dosis de humor negro de los dibujantes que representaron al papá de los cerditos en la forma de una tira de chorizos. Sin embargo, en la misma sala hay otro cuadro que dice "madre" y que muestra una chancha con sus chanchitos. Aquí algunos ven una alusión a la Logia Madre. ¿Es posible que sea así? Es posible, aunque lo dudo. De hecho, los chorizos colgados en el marco se parecen bastante a un mandil aunque personalmente lo veo muy poco convincente.

Más bien, estas pinturas que aparecen en el film de Disney parecerían estar inspiradas en los dibujos de Leonard Leslie Brooke, que había ilustrado a principios del siglo XX varios cuentos infantiles incorporando en las escenas cuadros de antepasados como Frederic Bacon en su versión de los tres cerditos o la Osa Mayor en el caso de los tres osos.

Por otro lado, se dice que hay un cuadro en la casa de Práctico que representa un mandil, pero en realidad se trata de un cuadro que dice "Father" y que representa una tira de chorizos, lo que demuestra el humor negro de los dibujantes. Si bien hay otro cuadro que muestra una chancha con sus chanchitos y se ha interpretado como una alusión a la Logia Madre, personalmente lo veo poco convincente. Es más probable que estas pinturas estén inspiradas en los dibujos de Leonard Leslie Brooke, que había ilustrado a principios del siglo XX varios cuentos infantiles incorporando en las escenas cuadros de antepasados en tono de humor como Frederic Bacon en su versión de los tres cerditos o la Osa Mayor en el caso de los tres osos.

Versiones consultadas

Harris, Joel Chandler: El tío Remus. Páginas de espuma, Madrid, 2019.

Walt Disney: Los tres cerditos (Three little pigs), cortometraje de animación, 1933.

Hansel y Gretel

En el límite de un bosque oscuro vivía un leñador y su esposa, junto a dos niños llamados Hansel y Gretel. Los padres no podían mantener a sus hijos y ciertamente se estaban muriendo de hambre, a lo cual la madrastra le sugirió a su esposo una idea horrenda: llevar a los niños al medio del bosque, lejos de la casa, encender un gran fuego, darles un pedazo de pan y abandonarlos a su suerte. A pesar de su negativa inicial, el leñador finalmente accedió ante la insistencia de su esposa.

Sin embargo, los pequeños habían escuchado el terrible plan y Hansel decidió trazar una estrategia. Recolectó piedritas blancas y las escondió en sus bolsillos para dejar un rastro mientras sus padres los llevaban al medio del bosque. Al día siguiente, los hermanos siguieron el rastro de piedritas blancas y pudieron volver a su casa, para alegría de su padre, pero no de la madrastra, que tramó un nuevo plan.

Esta vez, Hansel no pudo recolectar piedritas y solo dejó miguitas de pan para encontrar el camino de regreso, pero los pájaros se las comieron y los niños se extraviaron en el bosque. Tres días después, vieron un ave blanca que los guió hacia una casita hecha de dulces, donde fueron acogidos por una amable anciana. Sin embargo, la anciana resultó ser una bruja que quería engordar a Hansel para comérselo y Gretel como su esclava.

Gretel ideó un plan para engañar a la bruja y liberar a Hansel. Le preguntó cómo encender el horno y, cuando la bruja se descuidó, la empujó adentro y la encerró, muriendo incinerada. Los hermanos encontraron un tesoro en la casa de la bruja y, con la ayuda de un pato, cruzaron un río para volver a su casa. Su padre los recibió con alegría y les contó que la madrastra había muerto. Juntos, entregaron el tesoro a su padre, mejorando su situación económica y vivieron felices.

Este es el resumen del cuento de Hansel y Gretel. Como ven, tiene de todo: maldad pura, abandono de niños, antropofagia, asesinato, etc. No obstante, es importante recordar que estos cuentos no estaban destinados originalmente a un público infantil sino que eran para adultos, con temas truculentos y con un trasfondo siempre simbólico.

La historia se inicia en una casa, el mundo conocido, la protección del hogar, de la cual sabemos que está al borde de un bosque oscuro, negro, que representa lo desconocido, los peligros y también las aventuras.

En ese lugar vivían dos niños que serán los protagonistas de la historia y dos adultos: el padre bondadoso que tiene un vínculo biológico con los pequeños y la madrastra malvada. En un marco simbólico judeo-cristiano, que es en el que se desarrolla esta historia, los niños se corresponden a Adán y Eva, el padre a Dios y la madrastra al elemento diabólico que sirve para que los niños salgan de su zona de confort y vivan una aventura que les permita evolucionar. Recordemos que en Blancanieves es el cazador quien saca a la niña del castillo, un lugar donde el alma no tenía posibilidades de experimentar muchas cosas ni de superar pruebas y desafíos.

Cuando hablamos de la madrastra como elemento diabólico recordemos que la palabra Diablo (Diábolo), significa *"aquello que separa"* y evidentemente es esta mujer la que separa a los niños –no solo de su hogar– sino también de su padre, de su propia sangre. En ese sentido está actuando como engañadora, casi como la serpiente del Génesis.

Si entendemos el cuento de Hansel y Gretel como una adaptación simbólica de la historia de Adán y Eva, podemos entender que su historia se corresponde con la expulsión del Edén, con la caída en la materia y con la necesidad de regresar al hogar divino.

En estos cuentos clásicos, el bosque siempre representa un espacio sagrado donde se esconde un conocimiento misterioso, pero para alcanzarlo, es necesario superar pruebas y desafíos. En su primera incursión en el bosque, Hansel usó piedras blancas para guiarse, dejando pequeñas huellas que brillaban con la luz de la luna. Esta imagen poética habla del poder del recuerdo: a través de las piedras, los niños pueden recordar su camino y volver a casa.

Sin embargo, la madrastra tejió un nuevo plan y los niños fueron abandonados nuevamente en el bosque, pero esta vez, en lugar de piedritas, dejaron miguitas de pan. Desafortunadamente, las miguitas fueron devoradas por los pájaros. Del mismo modo que las piedras, un elemento sólido y permanente, nos hablan de recuerdo, las miguitas, un elemento corrompible e impermanente, se vincula al olvido.

Como bien sabemos, las pruebas iniciáticas suelen estar relacionadas simbólicamente con los cuatro elementos. Es interesante destacar que el pan en sí mismo es un ejemplo de esta relación, ya que en la Tierra se desarrollan y nutren las semillas del trigo, en el Agua se transmuta la harina en masa, en el Aire la levadura la hace fermentar, y finalmente, el Fuego lo cocina y lo convierte en un alimento comestible.

De esta manera, el pan representa la transformación, como dice Hans Dieckemann: *"El camino de la producción del grano para el pan es un camino de transformación de un producto natural en una forma específicamente humana de alimento"*. (4)

Cuando los niños se perdieron en el bosque, apareció un pájaro blanco que, desde una perspectiva simbólica, representa una intermediación con otras realidades. Según René Guénon, *"los pájaros se toman con frecuencia como símbolo de los ángeles, es decir, precisamente, de los estados superiores"*. (5)

En la historia de Hansel y Gretel, los niños lograron comunicarse con el pájaro y esto es un tema recurrente en muchos relatos míticos. Personajes como Sigfrido, Salomón, Enoch y Francisco de Asís podían entender a los pájaros a través de una lengua primordial llamada "lengua de los pájaros" (*lingua passerum*).

El pájaro blanco guió a los niños a través del bosque y los condujo a otro lugar, que en verdad no era un sitio seguro sino una prueba a superar, el hogar de la bruja.

Aparece aquí la casa de chocolate (dulce por fuera y amarga por dentro), lo cual también nos habla de lo sensual, es decir de los sentidos que son aquellos órganos que nos conectan con el mundo exterior (la materia) y que refuerzan el olvido. La bruja tienta a los niños con dulzura y placer, pero detrás de esto hay amargura y dolor.

De este modo, los hermanitos quedaron presos de la materia y otra vez apareció el elemento diabólico, en la forma de la bruja. Al igual que la casita de los enanitos en Blancanieves, esta construcción en medio del bosque actúa como un espacio cerrado de transformación. En otras palabras, estamos hablando del horno alquímico, el atanor, donde Hansel y Gretel serán purificados y tendrán que madurar a la fuerza, permaneciendo alertas, bien atentos a las maquinaciones de la bruja, desarrollando así todas sus potencialidades a fin de escapar de su triste situación.

En ese espacio cerrado, deben aniquilar todo lo que los separa de su hogar, engañando y matando a la bruja. Al final, cuando Gretel logra liberar a su hermano, aparecen los tesoros: rubíes, diamantes, oro y joyas que la bruja atesoraba. Estos tesoros representan los bienes espirituales, el premio que se recibe después de una conquista interior. Para ver estos tesoros, se necesita desarrollar la visión interior. Sobre esto, dice Jean Chevalier: *"Los tesoros (...) se descubren al término de largas pruebas, lo cual confirma su naturaleza moral y espiritual. También las pruebas, los combates con los monstruos, con las tempestades y con los salteadores de los caminos son, como esos mismos obstáculos, de orden moral y espiritual. El tesoro escondido es el símbolo de la vida interior y los monstruos que lo guardan no son sino aspectos de nosotros mismos".* (6)

Cuando los niños salen de la casa y se enfrentan nuevamente al bosque, se enfrentan a un río que simboliza un límite y un rito de paso hacia otro estado de conciencia. Aparece otra ave blanca, un pato, que actúa como puente conector entre el bosque y la casa del padre.

Aquí podemos observar que el único color al que se hace referencia en todo el cuento es el blanco, el cual siempre aparece conectando puntos. Las piedritas blancas iluminadas por la luna blanca conectaban la casa del leñador con el medio del bosque, el ave blanca condujo a los niños perdidos a la casa de chocolate y por último este pato blanco oficia de puente conector entre el bosque con el destino final, nuevamente la casa del padre. Todo esto aconteció en un bosque que desde el principio se nos dice que es oscuro, negro. Un mundo de opuestos, lo negro y lo blanco, la dualidad que puede constatarse tanto en el ser humano como en el mundo manifestado, lo cual se experimenta en nuestro interior como un "tironeo", un sendero de dos direcciones (Arriba-Abajo, Adentro-Afuera, Centro-Periferia, Casa de la bruja-Casa del Padre).

Con la ayuda del pato, los niños cruzan el río y comienzan a recordar. Este punto es importante. El río marca el límite entre el olvido (amnesis o amnesia) y el recuerdo (anamnesis).

En relación al pato podemos decir que otra vez estamos ante un pájaro que permite que la historia se cumpla. Son los pájaros quienes comieron las migas y provocaron la caída, otro pájaro es el que llevó a los niños a la casita de chocolate y, en tercer lugar, encontramos a este pato que es el que permite que los niños dejen atrás el bosque negro.

Hansel y Gretel trabajan en equipo, siempre tomados de la mano, lo que se interpreta como la coordinación perfecta entre el cuerpo y el alma para enfrentar los desafíos de la vida. Esto se relaciona simbólicamente con Adán y Eva, como figuras del alma y el cuerpo.

Ambrosio de Milán comentaba, justamente sobre esto: *"Que nadie juzgue improcedente considerar a Adán y Eva como figuras del alma y del cuerpo"* y asociaba a estos personajes bíblicos con un binario psicológico, figuras de la mente y la sensibilidad. Aquí bien vale citar a Chevalier una vez más cuando dice que *"la estructura del hombre interior es conyugal, pues supone la unión de dos elementos distintos (...) simbolizando (...) la unión de los sexos masculino y femenino en un plano interior"*. (7)

Después de recordar el camino de vuelta, Hansel y Gretel llegan finalmente a casa y encuentran a su padre, quien les informa que la madrastra ha fallecido. Este hecho confirma que la madrastra y la bruja simbolizan lo mismo: lo diabólico, todo aquello que separa, pero también representan la fuerza de resistencia que nos permite crecer. De ahí que hablemos de Satán, no como un señor malito de color rojo, con tridente y cola puntiaguda, sino como un "entrenador personal", aquella fuerza interior que nos pone a prueba, que nos tienta, en otras palabras un elemento necesario para el crecimiento interior. La conciencia crece en la resistencia. En la zona de confort no pasa nada. El héroe verdadero es el que –enfrentando a dragones y enfrentando todo tipo de desafíos– se pone a prueba a sí mismo, sale a la aventura y vuelve fortalecido.

Hansel y Gretel regresan a su hogar renovados y mejores como un Nuevo Adán y una Nueva Eva. El padre ya no es más pobre, la bruja y la madrastra han muerto y el círculo se ha cerrado.

Versión consultada

Grimm, Wilhelm y Jacob: Cuentos de niños y del hogar, volumen 1. Ediciones generales Anaya, Madrid, 1985.

Pinocho

Al analizar el simbolismo de Pinocho, se suele mencionar la posible filiación masónica de Carlo Collodi, seudónimo de Carlo Lorenzini, que se reflejaría en la historia simbólica del muñeco de madera. Sin embargo, al buscar documentación fidedigna que respalde esta afirmación, no se encuentra evidencia sólida que confirme la pertenencia de Collodi a la Masonería.

Esta es la versión que siempre me contaron, pero al empezar a buscar documentación fidedigna que respalde la pertenencia de Collodi a la Masonería, me fui percatando que no existe nada que asegure que el escritor haya sido iniciado en dicha Orden. El dato aparece en todos lados (en fuentes masónicas y profanas), pero cuando empezamos a tirar del hilo, nos vamos dando cuenta que esa información la dijo fulano, que la tomó de sultano, que a su vez la copió de perengano… en fin, al igual que con Walt Disney, la filiación masónica de Collodi no parece tener un fundamento sólido.

En 1978 apareció una carta de Collodi a Pietro Barberá, datada el 4 de marzo de 1884, donde se lee: *"In ogni modo mi creda sempre il suo [aquí hay una palabra con una caligrafía bastante ilegible] Collodi"*. En ese año, Maria Jole Minicucci, directora de la biblioteca riccardiana de Florencia interpretó esta palabra como "su fratello" es decir "su Hermano", lo cual parecía ser la primera prueba (o al más bien indicio) de la condición de francmasón del creador de Pinocho.

En 2016, la curadora de la obra de Collodi y especialista en el autor, Daniela Marcheschi, afirmó que la palabra ilegible en la carta no era "fratello" (hermano), sino "affo" (aficionado) como en el español "sinceramente suyo". Además, Marcheschi señaló otra frase de la carta, donde Collodi hablaba de ser "buenos y leales amigos", lo cual no se correspondería con esa condición de Hermanos. Un Hermano no es un amigo, ciertamente.

Marcheschi fue más allá, y analizó las listas de afiliados y los archivos de la época, concluyendo que no existen pruebas que indiquen que Collodi haya sido iniciado en la Masonería. Incluso, al consultar con el Gran Oriente de Italia, éstos no pudieron respaldar la filiación con documentación contundente.

En este momento, los defensores de la tesis de un "Collodi masón" recordaron que el hermano del escritor, Paolo Lorenzini, había quemado algunas de sus cartas después de su muerte en 1890 y que en ellas podrían haber estado las pruebas que tanto se buscan. No obstante, Marcheschi reveló que el hermano de Collodi quemó la correspondencia, no porque su hermano había sido miembro de alguna organización secreta o discreta, sino porque Collodi había mantenido una relación extramatrimonial con la célebre cantante lírica Giulia De Filippi, casada con Cesare Sanchioli, y eso podía ser ciertamente un escándalo para el autor del más famoso cuento italiano para niños.

Marcheschi encontró otras cartas de la amante de Collodi que confirmaban la relación complicada que mantenían y que podrían haber llevado a Paolo Lorenzini a deshacerse de los papeles más comprometedores de este tormentoso romance.

Pinocho, Masonería y Fascismo

Otro escollo documental en Italia para el estudio de la Masonería es la llegada al poder del fascismo en 1922, el momento en el cual se habrían perdido o quemado informaciones valiosas sobre las sociedades secretas. Aun así, se conservan muchos documentos del siglo XIX, con listas completas de los miembros de las logias toscanas y el nombre de Collodi sigue sin aparecer.

Hablando del fascismo, llama poderosamente la atención que, durante el gobierno de Benito Mussolini, uno de los personajes más queridos y adoptados por el régimen como modelo moral para los niños haya sido Pinocho. El cuento sirvió de guía para los Balilla, que eran una adaptación italiana de los boy scouts ingleses, y lo podemos encontrar en numerosas publicaciones de la época, pateando comunistas y enfrentándose al Negus de Etiopía.

Es que, en verdad, aunque siempre se ha mostrado al fascismo y a la masonería como contrapuestos, como agua y aceite, si investigamos en profundidad, encontraremos que la revolución fascista tuvo vínculos fuertes con la Masonería.

Gabrielle D'Annunzio, un héroe de guerra y uno de los inspiradores de Benito Mussolini, era un masón del grado 33 de la Gran Logia de Italia. Durante la marcha sobre Roma en 1922, en la que el Partido Nacional Fascista llegó al poder, muchos camisas negras que también eran masones participaron en el acto simbólico. En las fotos más conocidas de la "Marcha sobre Roma", Mussolini aparece en el centro con los cuatro quadrumviros: Balbo, De Bono, Vecchi y Bianchi, todos ellos miembros de la Gran Logia de Italia, una obediencia considerada irregular.

Todos estos datos están bien documentados en la obra de Peter Tompkins "Las cartas secretas del Duce: momentos y protagonistas de la Italia Fascista en el archivo nacional de Washington" (7). Este investigador, que fue espía norteamericano en Roma, accedió a información muy poco conocida y podemos leer algunos de sus trabajos en la página oficial de la CIA.

En rigor de verdad, las dos obediencias masónicas italianas apoyaron a Mussolini a principio de los años 20. Mientras que –como acabamos de ver– la Gran Logia contaba a cuatro de los principales miembros del Partido Fascista y también al poeta D'Annunzio, el Gran Oriente de Italia también se mostraba entusiasmado con la revolución de los camisas negras. Su Gran Maestro, Domizio Torrigiani, afirmó en octubre de 1922 que los masones eran cada vez más numerosos dentro de los Fasci, y después de la marcha sobre Roma afirmó que *la revolución fascista tiene un alma masónica*.

De hecho, esta obediencia había contribuido al acto con tres millones y medio de liras italianas. Aquellos que estén interesados en profundizar en este tema pueden leer la obra de Peter Tomkins ya citada, o bien la excelente obra de Angelo Tasca "El nacimiento del fascismo". Otra obra interesante, que está solamente en italiano es esta: "Contra las intrigas masónicas en el campo revolucionario" de Camillo Berneri y Armando Borghi.

Entonces, la pregunta es: ¿cómo es posible que el fascismo y la masonería, que se mostraban tan concordantes en 1922 se terminaron por separar y después convertir en enemigas acérrimas?

Bueno, cuando el fascismo se afianzó en Italia, Mussolini se percató que en algunas logias se estaba fraguando una resistencia a su régimen pero —según como le dijo él mismo a De Stefani— *"la discusión [sobre la supresión de la Masonería] no es oportuna. Podremos reanudarla en tiempos menos tormentosos: no metamos demasiado pan en el horno"* (8).

Sin embargo, las logias masónicas se estaban convirtiendo poco a poco en clubes políticos de resistencia al fascismo y en 1925 el Duce decidió cortar por lo sano, y en consulta con Balbo, De Vecchi y los otros fascistas pertenecientes a la Gran Logia, decidió prohibir la Masonería, comenzando una dura persecución que se acentuará a partir de 1929, cuando se firmó el concordato entre la Italia fascista y la Iglesia Católica.

En fin, como estamos viendo, cada dato nos lleva a otros datos. Que Collodi no haya sido masón no significa que no se pueda hacer una lectura masónica del cuento. ¡Claro que se puede! Recordemos que los símbolos son polisémicos, es decir que tienen una pluralidad de significados y abordajes, y que toda interpretación no necesariamente niega a la anterior sino que la complementa. Teniendo en cuenta esto, creemos que una interpretación iniciática es un poco más amplia e incluye obviamente algunos aspectos que son intrínsecos a la masonería y a otras corrientes de corte iniciático.

Simbolismo iniciático de Pinocho

Desafortunadamente, muchos estudios simbólicos sobre Pinocho son realizados por personas que nunca han leído la obra original de Collodi, y sus conclusiones parten exclusivamente de la versión cinematográfica de Disney. Esto ha llevado a la aparición de muchas interpretaciones masónicas del cuento que se basan en tres premisas falsas: la primera es que Collodi era masón, la segunda es que Walt Disney también lo era, y la tercera es atribuir simbolismos de la película de Disney a la obra original de Collodi. Este enfoque, aunque comprensible en el siglo XX cuando no había acceso a las fuentes originales, es inexcusable en el siglo XXI.

Para nuestro análisis simbólico, nos centraremos en la obra de Collodi, aunque no olvidaremos que la versión de Disney es la más conocida por todos nosotros.

La historia de Pinocho comienza con el Maestro Cereza, quien descubre un trozo de madera peculiar en una pila de leña destinada a ser utilizado como pata de una mesa. Sin embargo, cuando intenta dar el primer golpe con el hacha, la madera cobra vida y grita: *"¡No! ¡No me golpees con el hacha!"*.

En otras palabras, a diferencia del cuento de Disney, la materia prima original, la madera con la que se va a construir Pinocho está animada, tiene ánima, es decir alma. Pero ese madero con alma necesita –para poder interactuar con el plano físico– de un vehículo, de un cuerpo que sea apropiado para ello y aquí aparece otro personaje: Gepetto, que va a tallar el madero y darle forma antropomórfica.

En la versión que más conocemos, el muñeco de madera carecía de alma, no estaba animado, y quien le otorga vida es el hada azul, la dama. Por lo tanto, en esta historia el muñeco llega a tener vida por la intervención de un padre que es quien le brinda un cuerpo y una madre que le otorga un alma. Este punto que parece trivial es importante porque –al contrario de lo que muchos creen– no somos un cuerpo que tiene un alma sino un alma que tiene un cuerpo para poder moverse en el plano material. Sin embargo, considero que en las dos versiones está bien resuelto esta conjunción de lo corpóreo y lo anímico.

Gepetto bautiza a su niño-muñeco con el nombre de Pinocho, que en toscano antiguo significa "piñón", la semilla de un gran árbol, la potencia del ser. También hay que decir que el pino es un árbol de hoja perenne, lo cual nos está hablando de inmortalidad, y aquí, desde el principio se plantea el anhelo de que este niño de madera se convierta en niño de verdad, que pase a un siguiente nivel a cambio de su inmortalidad. Dicho de otro modo: para Pinocho, alcanzar la humanidad implica aceptar la mortalidad y el devenir.

La historia de Pinocho es también nuestra propia historia, en la que necesitamos dejar de ser títeres del destino y desarrollar nuestro potencial, enfrentando pruebas, tentaciones y fuerzas que nos impiden avanzar, como la inactividad, el placer y la comodidad.

En el cuento, el carpintero Gepetto olvida tallar las orejas del muñeco, lo que puede explicar por qué Pinocho no escucha los consejos que se le dan, tanto de Gepetto, como del hada o del grillo parlante, que en la versión de Disney castellanizada se llama Pepe Grillo.

En la historia, el grillo representa la conciencia de Pinocho. ¿Por qué Collodi eligió un grillo para este papel? Los grillos tienen antenas que les permiten prever los acontecimientos, lo que les permite conocer, simbólicamente, las consecuencias de ciertos actos. En la versión original, Pinocho desprecia repetidamente al grillo, incluso intentando aplastarlo contra la pared.

Según el relato original de Collodi, Pinocho era un niño muy travieso y desobediente, que le hacía mil travesuras a Gepetto e incluso le robaba la peluca. En un momento, Gepetto le da una patada tan fuerte que la policía lo lleva a la cárcel por maltrato infantil. Estos detalles, obviamente, no aparecen en la versión edulcorada de Disney.

En este punto de la historia, Pinocho le revela al grillo: *"De todos los oficios del mundo, solo hay uno que realmente me gusta. ¿Sabes cuál es? Comer, beber, dormir, divertirme y llevar una vida vagabun-*

da de la mañana a la noche". En otras palabras, Pinocho anhela la vida profana, una existencia simple de placer y sin responsabilidades, sin darse cuenta de que es manipulado por hilos invisibles, viviendo siempre en la dicotomía placer-dolor, buscando el placer y huyendo del dolor.

Para crecer, Pinocho necesita aprender, conocer el mundo y experimentar tanto el placer como el dolor, cayendo y fracasando. Esto se asemeja a la figura simbólica del laberinto, donde debemos perdernos para encontrarnos a nosotros mismos. En las malas experiencias, siempre podemos encontrar semillas de conciencia. Como decían los antiguos: "Ad Astra Per Aspera", a las estrellas por el camino complicado y áspero, a través de las dificultades.

Gepetto creyó que la mejor manera para que Pinocho aprendiera era enviándolo a la escuela. Pinocho salió caminando hacia la escuela, feliz y dispuesto a aprender, pero se encontró con una encrucijada a pocas cuadras de su casa. Dos caminos se abrían ante él: uno conducía a la escuela y el otro ofrecía música agradable de flautas y tambores. Pinocho decidió, haciendo uso de su libre albedrío, ir por el camino de la música. Pensó que podía ir a la escuela al día siguiente.

En esa elección, en ese cruce del umbral que nos recuerda al viaje del héroe, Pinocho optó –sin saberlo– las pruebas y el dolor, que siempre se agazapan detrás del placer.

En este camino se presentaron prontamente las malas compañías (la zorra y el gato, que en la versión de Disney se llaman Juan el Honrado y Gedeón), que lo llevaron al circo de Strómboli, donde se convirtió en su atracción principal y lo mantuvo encerrado en una jaula.

Enjaulado, Pinocho vio cómo su vida se desmoronaba y sus sueños se desvanecían. En ese momento, el hada azul (que representa el elemento espiritual de la historia, lo etéreo, la conexión de

Pinocho con algo más trascendente) se presentó en el carromato y habló con el muñeco, que comenzó a mentir descaradamente. Su nariz creció, lo que es quizás el momento más recordado de Pinocho y que se ha utilizado en muchas caricaturas cómicas como crítica a los mentirosos, especialmente los políticos.

¿Qué significa la nariz creciente? Simboliza que el mal y la mentira no pueden ocultarse, y como dice el refrán: *"la mentira tiene patas cortas"*. Esto es, justamente, lo que le dice el hada azul: *"En este mundo hay dos clases de mentiras: las que tienen las patas cortas y las que tienen la nariz larga. Y las tuyas, por lo visto, son de nariz larga"*.

Liberado de su presidio y nuevamente con su nariz corta, Pinocho tenía todas las intenciones de volver al buen camino, pero… otra vez aparecieron las tentaciones. Al pasar por el pueblo, Pinocho se cruzó con un grupo de muchachos que parecían viajar juntos y al preguntarles a dónde se dirigían, los niños respondieron: vamos al mejor país del mundo, al país de los juguetes, un lugar sin escuelas, sin reglas, donde no existe el dolor y donde todos los caprichos son complacidos. En Disney este lugar se llama "la isla del placer" y es un espacio donde los niños pueden fumar, comer comida basura a toda hora, golosinas, beber cerveza y hacer toda clase de barbaridades.

Sin embargo, este país de los juguetes tenía truco: los niños, al comportarse como animales, finalmente se terminaron convirtiendo en bestias, más precisamente en burros. De este modo, sin ser consciente de sus actos, el propio Pinocho se fue animalizando. Le salieron orejas y cola de asno, y hasta empezó a rebuznar.

La elección del burro como el animal para la transformación de Pinocho no es casual. Es un guiño a un antiguo libro iniciático del siglo II d.C. llamado "La metamorfosis" o "El asno de oro" de Apuleyo. En esta obra, el desafortunado protagonista, Lucio, es transformado mágicamente en un burro y debe vagar por el mundo hasta que finalmente es salvado por la poderosa diosa Isis. Collodi deja clara la conexión entre ambos relatos al llamar al otro niño burro "Lucignolo", que claramente nos recuerda a "Lucio" de la obra de Apuleyo.

Finalmente, Pinocho logró escapar de su encarcelamiento y regresó a casa, pero encontró la casa vacía. No había rastros de Gepetto, pero Pepito Grillo (a quien Pinocho creía muerto) estaba allí para explicarle que su padre había salido a buscarlo por todo el mundo. En la versión de Disney, es una paloma blanca la que le informa que Gepetto ha sido tragado por una ballena.

El mar es un espacio inmenso, lo desconocido, que –en cierta forma– se asemeja al bosque de Blancanieves, aunque la cabaña de los enanos es aquí una ballena, un lugar cerrado donde –al igual que el atanor alquímico o la cámara de reflexiones masónica– debe ocurrir una transformación. Dicho de otro modo, para que muera lo viejo y nazca lo nuevo hay que meterse en las profundidades, lo cual de forma simbólica se representa con un bosque frondoso, un océano o las profundidades de la tierra, el famoso VITRIOL: *"Visita el interior de la tierra y rectificándote encontrarás la piedra oculta"*.

Entonces, cuando la vida de Pinocho no podía ser más miserable, cuando en su cuerpo aún podían verse las consecuencias de su aventura en la isla de los placeres (la cola de burro y las orejas), tocó fondo y fue tragado por una ballena (en la versión original es un tiburón gigante). Este episodio nos recuerda a Jonás, que fue engullido por un pez gigantesco, en el que permaneció durante tres días y tres noches y que en el Nuevo Testamento se corresponde a la muerte y la resurrección del Cristo: *"Porque como estuvo Jonás en el vientre del gran pez tres días y tres noches, así estará el Hijo del Hombre en el corazón de la tierra tres días y tres noches"*. (Mateo 12:40)

En este compartimento estanco, en esta cámara de transformaciones, el capullo del gusano, Pinocho encontró a su padre y ambos planificaron el escape. Finalmente, el muñeco fue expulsado por la ballena y salió al mar abierto, desde las tinieblas de las profundidades a la luz del día. En el cuento original, Gepetto y Pinocho llegan a la costa gracias a un atún, del que se sujetaron con fuerza.

Aquí hay dos finales diferentes: en la versión de Disney, Pinocho no sobrevive a la furia del océano y muere ahogado, lo cual era una de las condiciones para que pudiera renacer como un niño de verdad. Morir y nacer. Solve et Coagula. Matar lo viejo para que –con sus escombros– pueda construirse algo nuevo y mejor.

En esta versión cinematográfica, gracias a la intercesión del hada azul, que reconoce el sacrificio y el amor desinteresado de Pinocho, no solo vuelve a la vida, sino que también se transforma en un niño de verdad. Para la Filosofía Iniciática, la vida plena, es decir, alcanzar la humanidad, comienza cuando nos hacemos conscientes y despertamos del letargo de la vida profana. Por eso, la verdadera iniciación no se encuentra al principio del camino, sino en el momento en que lo viejo muere y lo nuevo nace.

En la versión de Collodi, Pinocho no muere. Como recordarán, al principio se menciona que no podía morir porque estaba hecho de madera de pino. Sin embargo, Pinocho hace una buena acción que el hada azul quiere recompensar convirtiéndolo en un niño de verdad.

En el cuento original hay un extra: la casa miserable de Gepetto también se transformó.

Dice Collodi: *"Pinocho echó una ojeada a su alrededor y en vez de las habituales paredes de paja de la cabaña vio una bonita habitación amueblada y adornada con una sencillez casi elegante".* Al preguntarle a Gepetto lo ocurrido, éste le explica: *"Cuando los niños que eran malos se vuelven buenos, tienen la virtud de conseguir un aspecto nuevo y sonriente en el interior de su familia".*

En otras palabras, cuando hay un cambio profundo en nosotros, cuando cambia nuestra mirada, es decir nuestra percepción de la realidad, todo cambia. Si cambio yo, cambia el mundo. Un espectacular broche de oro para un cuento tan bonito.

Versiones consultadas

Collodi, Carlo: Pinocho. Editorial Vicens Vives, Barcelona, 2011.
Walt Disney: Pinocho (Pinocchio), largometraje de animación, 1940.

El patito feo

En 1844, el escritor danés Hans Christian Andersen, escribió su cuento clásico "El patito feo", donde se relata la historia de un cisne que nace y se cría entre patos, inmerso en una realidad hostil donde es menospreciado y rechazado por ser diferente a los demás.

Cansado de las burlas de sus hermanos patos, el patito feo decidió abandonar el corral y viajó al pantano, donde protagonizó varias aventuras peligrosas. Permaneció lejos de su hogar durante todo el invierno hasta que, al llegar la primavera, se acercó a un lago para beber agua fresca. Al observar su imagen reflejada en las aguas calmas, comprobó con sorpresa que ya no era un pajarraco gris y feo sino un ave hermosa de blanquísimo plumaje. En ese momento, una bandada de cisnes que volaba por las inmediaciones, observó al solitario aventurero, se acercó a él y en ese momento el patito feo conoció su verdadera identidad.

Feliz por el grato descubrimiento, el nuevo cisne voló muy lejos de los parajes donde había sido despreciado y humillado, convirtiéndose —en poco tiempo— en el cisne más hermoso de la bandada.

La vía heroica

Si seguimos el esquema del "mito del héroe" o monomito, desarrollado largamente por Joseph Campbell, podremos reconocer en el cuento del patito feo, diversos hitos heroicos que nos llevan al descubrimiento del sentido oculto del relato tradicional:

a) Todas las historias heroicas comienzan mostrando al protagonista en un entorno que no es el propio donde lleva una vida desgraciada y llena de frustraciones (el corral como el "mundo ordinario" o "profano").

b) El protagonista desconoce su origen noble y las personas que lo han criado no son sus verdaderos padres.

c) Las potencialidades del protagonista son desperdiciadas por ignorancia de su propósito existencial, del mismo modo que los seres humanos que –ciegos a su identidad trascendente– no recuerdan que son divinos por naturaleza.

d) El héroe se embarca en un viaje peligroso donde debe atravesar muchas pruebas que lo llevarán al auto-descubrimiento.

Los patos y los cisnes representan dos tendencias que conviven dentro de nosotros y que en Oriente se llaman Vidya (sabiduría) y Avidya (ignorancia): una que nos impulsa a lo alto y otra que nos arrastra a la materia. En el cuento de Andersen, los patos son los profanos, inconscientes, adaptados al mundo ordinario, sin riesgos y que se limitan a comer, dormir, trabajar, reproducirse y entretenerse, mientras que los cisnes, por el contrario, simbolizan la vida espiritual, la resistencia a un estilo de vida superficial y materialista, fuera de los patrones y condicionamientos sociales.

Aunque el mundo profano advierte con el bombardeo publicitario: *"Sé un pato obediente. No te arriesgues ni hagas locuras"*, los iniciados de todos los tiempos han dejado indicaciones muy claras: *"Lo que el mundo desecha, recógelo. Lo que el mundo hace, no lo hagas; en todas las cosas camina en dirección contraria al mundo. Así te aproximarás a lo que estás buscando"*. (9) Por eso, la vía discipular es contracorriente, ascendente y doble: pues implica una transformación interna y externa, el cambio individual para ser un agente transformador de la comunidad toda.

La primavera y el traje luminoso

En todas las culturas, el cisne blanco representa la luz, la pureza y la elegancia, y según Chevalier: *"su blancura, poder y gracia lo presentan como una viva epifanía de la luz"*. (10)

Max Heindel, por su parte, asocia al cisne a la Iniciación: *"El cisne puede moverse en varios elementos. Puede volar en el aire con gran velocidad; puede pasearse majestuosamente sobre el agua y por medio de su largo cuello puede explorar las profundidades e investigar lo que haya en el fondo de un lago no demasiado profundo. Es por consiguiente, un símbolo muy apropiado del Iniciado, quien, por el poder desarrollado dentro de sí mismo, es capaz de elevarse a regiones superiores y moverse en diferentes mundos. Al igual que el cisne vuela por espacio, el que haya desarrollado los poderes de su cuerpo del alma puede viajar en él por encima de montañas y lagos. Como el cisne se sumerge debajo de la superficie del agua, así también el Iniciado puede ir por debajo de la superficie de los abismos en su cuerpo del alma, al cual no pueden inferirle daño ni el fuego, ni la tierra, ni el aire, ni el agua"*. (11)

Al prestar atención al relato de Hans Christian Andersen, apreciaremos que el patito feo tiene que atravesar un duro, frío y oscuro invierno hasta llegar a la primavera, donde descubre su verdadera identidad. Simbólicamente, el invierno y sus duras pruebas representan la primera etapa de la Gran Obra, el Nigredo, que finaliza cuando llega la primavera y el influjo solar de Luz, Vida y Calor (Amor).

"Post Tenebras Lux" (Después de las tinieblas, la luz) dicen los antiguos y este enunciado se recoge por innumerables tradiciones iniciáticas donde el candidato necesita atravesar las difíciles pruebas de los elementos para poder ver la luz. Es el regreso al punto de origen, el orden que sucede al Caos: "Ordo Ab Chaos".

La luminosa victoria de la primavera está ligada a la derrota del ego, y esta estación (junto con el signo de Aries) simboliza el triunfo iniciático, el renacimiento de Osiris y de Hiram Abif, la victoria de lo inmortal sobre lo mortal, la despedida del cuervo negro del Nigredo que da paso al cisne, imagen vívida de la blancura (Albedo).

En este renacimiento del cuervo, que aparece como blanqueado o decapitado (caput corvi), el candidato es vivificado y ataviado con una túnica luminosa e incorruptible que representa el triunfo del sol. Esas vestimentas blancas se conocen como "augoeides" (augo=luz del sol y eidos=forma), que es el alma purificada.

La derrota de la oscuridad y la vestimenta luminosa (en el caso del patito feo, el plumaje blanco) también aparece en el Apocalipsis: *"Así el vencedor será revestido de vestiduras blancas y no borraré su nombre del libro de la vida, y reconoceré su nombre delante de mi Padre y delante de sus ángeles"* (Apocalipsis 3:5). En ocasiones, esta indumentaria blanca es llamada "traje de bodas", en alusión a las bodas alquímicas, y en recuerdo de una parábola evangélica donde queda clara el sentido de pureza de estas vestimentas: *"Entró el rey a ver a los comensales, y al notar que había allí uno que no tenía traje de boda, le dice: "Amigo, ¿cómo has entrado aquí sin traje de boda?" Él se quedó callado. Entonces el rey dijo a los sirvientes: "Atadle de pies y manos, y echadle a las tinieblas de fuera".* (Mateo 22:11-14)

El rosacruz Karl von Eckhartshausen habló de *"vestirnos de luz"*, abandonando al viejo hombre (palaios anthropos) y naciendo como seres de luz, renovados y revitalizados (neos anthropos), en consonancia con las palabras de San Pablo: *"Jesús [enseñó] que debían quitarse el ropaje de la vieja naturaleza, la cual está corrompida por los deseos engañosos; ser renovados en la actitud de su mente; y ponerse el ropaje de la nueva naturaleza, creada a imagen de Dios, en verdadera justicia y santidad"* (Efestios 4:20-24). Teniendo en cuenta esta idea, muchas escuelas iniciáticas usan túnicas, estolas o mandiles blancos en sus ceremonias, simbolizando la pureza necesaria para recorrer la vía discipular.

El vehículo hacia la luz

En Oriente y Occidente, el cisne aparece muchas veces como montura de dioses e iniciados, un vehículo que transporta a sus pasajeros a lo más alto y lo más luminoso.

En la mitología griega encontramos a Afrodita y a Apolo subidos a sendos cisnes, mientras que en India el cisne es "Vahana", vehículo de Brahma y su consorte Saraswati. En la tradición artúrica aparece Lohengrin (hijo de Parsifal), quien usa un cisne como nave segura para acudir al heroico rescate de una dama, por lo cual se ganó el título de "Caballero del Cisne".

El carácter sagrado del cisne se acentúa en Oriente en la figura de "Hamsa", la mística ave que representa la sabiduría divina y que custodia el pranava o sagrada sílaba: Aum, el cual puede contemplarse en su cuerpo: A en el ala derecha, U en la izquierda y M en la cola. (12). La misma palabra "Hamsa" se descompone en "A-ham-sa" o "Yo (soy) Él", o bien como So-Ham, "Él (soy) Yo".

Cisnes, águilas, gaviotas y delfines

Andersen no es el verdadero creador del cuento del patito feo, sino que recogió la historia del acervo tradicional europeo. En verdad, en Oriente existe una historia similar protagonizada por un águila en un gallinero, que Anthony de Mello (13), Leonardo Boff (14) y Alfonso Lara Castilla (15) adaptaron en sus obras, y aún podemos encontrar elementos coincidentes en el hermoso relato de Richard Bach titulado "Juan Salvador Gaviota" e incluso en "El delfín: historia de un soñador" del peruano Sergio Bambarén.

Todos estos cuentos se centran en esas dos tendencias que conviven en nuestro interior: Avidya (Ignorancia) y Vidya (Sabiduría), una que nos arrastra a la materia y al olvido de nuestra naturaleza, y otra que nos eleva, llevándonos al recuerdo de lo esencial.

Y así es: no tenemos otra opción que bogar contra la corriente, en oposición a las premisas de la sociedad profana, que trata de convencernos que la vida de "pato" es normal y deseable. Sin embargo, hay una vocecita interior que trata de hacernos re-cordar que tenemos un origen trascendente y que estamos destinados a realizar cosas grandiosas.

Remonta vuelo y hazte lo que eres.

Cuento de Anthony de Mello

Un hombre se encontró un huevo de águila. Se lo llevó y lo colocó en el nido de una gallina de corral. El aguilucho fue incubado y creció con la nidada de pollos.

Durante toda su vida, el águila hizo lo mismo que hacían los pollos, pensando que era un pollo. Escarbaba la tierra en busca de gusanos e insectos, piando y cacareando. Incluso sacudía las alas y volaba unos metros por el aire, al igual que los pollos. Después de todo, ¿no es así como vuelan los pollos?

Pasaron los años y el águila se hizo vieja. Un día divisó muy por encima de ella, en el límpido cielo, una magnífica ave que flotaba elegante y majestuosamente por entre las corrientes de aire, moviendo apenas sus poderosas alas doradas.

La vieja águila miraba asombrada hacia arriba.

- ¿Qué es eso?, preguntó a una gallina que estaba junto a ella.

- Es el águila, el rey de las aves, respondió la gallina. Pero no pienses en ello. Tú y yo somos diferentes a ella.

De manera que el águila no volvió a pensar en ello. Y murió creyendo que era una gallina de corral".

Tomado de "El canto del pájaro", págs. 129-130.

Versiones consultadas

Andersen, Hans Christian: Cuentos clásicos. Reader's Digest México, México, 2007.

Walt Disney: El patito feo (The Ugly Duckling), cortometraje de animación, 1939.

La bella durmiente del bosque

Al abordar el análisis de este cuento debemos recordar, antes que nada, que el título completo de esta historia es "La Bella Durmiente del Bosque", y aunque la mayoría de las veces se omite esta última parte, en verdad es muy importante ya que el bosque tiene un valor simbólico enorme.

Los bosques son lugares de pruebas y peligros, donde se esconden salteadores de caminos y fugitivos y hay presencia de animales salvajes. Pero sobre todo, son espacios sagrados ideales para ocultar un conocimiento misterioso.

De hecho, para muchas corrientes iniciáticas el bosque es un lugar sacro, un santuario natural y perfectamente podríamos hablar de un bosque-templo, algo bien conocido por los druidas, los cátaros e incluso –más cerca en el tiempo– los masones practicantes de los ritos forestales y las corrientes subterráneas del rosacrucismo de los siglos XVIII y XIX.

Aunque existen varias versiones del relato, hagamos un breve resumen de la historia:

Un rey y una reina, después de un largo período de esterilidad, finalmente tuvieron una hija. Al cumplir un año, la pequeña princesa fue honrada con una celebración a la que asistieron tres hadas madrinas (en algunas versiones son siete u doce) que le otorgaron dones positivos mediante encantamientos.

No obstante, una bruja o hada malvada de un país vecino irrumpió en la escena. No fue invitada debido a la falta de platos, lo que la ofendió, y sentenció que cuando la princesa cumpliera quince o dieciséis años, inevitablemente se pincharía con el huso de una rueca y moriría.

Una de las hadas buenas y madrinas invitadas, que todavía no había otorgado su don a la princesa, mitigó la maldición de la bruja o hada malvada. La joven no moriría al pincharse con el huso, sino que dormiría durante un siglo.

El rey y la reina prohibieron todos los husos y ruecas de hilar en el reino, quemándolos en una gran hoguera, pero todas estas precauciones fueron en vano. Quince o dieciséis años después, la princesa encontró accidentalmente una anciana hilando con un huso de una rueca en una torre del castillo. Al intentar tomar el huso, la joven se pinchó el dedo (tal como había sido predicho por el hada malvada) y cayó dormida. El sueño se extendió a todo el castillo, que se cubrió de una densa vegetación.

Cien años después, un príncipe escuchó la historia de la bella durmiente y se dirigió al castillo con la intención de despertarla. La vegetación se abrió paso para él. Al llegar al castillo, encontró a la princesa dormida y quedó cautivado por su belleza. Al besarla, la joven despertó y, con ella, todo el reino volvió a la vida.

Dado que el sueño de la princesa es el eje central de la historia, es importante comprender a qué se refiere este sueño. Si podemos descubrir lo que está durmiendo, los demás elementos simbólicos de la obra serán más claros.

Desde una perspectiva iniciática, el sueño de la princesa solo puede referirse a dos cosas que, en última instancia, hablan de lo mismo: la conciencia o la energía serpentina de kundalini. Ambas aparecen tradicionalmente dormidas y, a través del trabajo interior, pueden despertarse. Por lo tanto, al hablar del despertar de kundalini y del despertar de la conciencia, estamos hablando de lo mismo. Según las enseñanzas esotéricas, cuando los centros sutiles o chakras están completamente alineados y purificados, se produce la liberación de la energía serpentina kundalini, lo que ocurre simultáneamente con la llamada "iluminación" o "Iniciación".

En otras palabras, cuando se realiza un trabajo interior adecuado, el despertar y ascenso de la energía serpentina es simultáneo a la iluminación. Por lo tanto, la iluminación no es una consecuencia del despertar de kundalini, sino que kundalini se despierta por haber alcanzado la iluminación.

Por otro lado, la princesa y el príncipe representan dos elementos polares bien conocidos: uno de naturaleza negativa, pasiva, inmóvil y femenina, y otro de naturaleza activa, móvil y masculina. Estos elementos están simbolizados por Mercurio y Azufre, Yin y Yang, Luna y Sol.

Cuando encontramos personajes masculinos y femeninos en los cuentos, no se está haciendo referencia al sexo biológico. Estos dos principios están aludiendo a dos tendencias internas dentro de nosotros: una de empuje y otra de resistencia. Por lo tanto, esta historia, que se sitúa en un pasado lejano, también está sucediendo aquí y ahora, en nuestra alma. En este sentido, cuando leemos eso de "Érase una vez" debemos entender que se está haciendo referencia a algo que puede volver a suceder (y sucede) una y otra vez, en diversos ámbitos, situaciones y con diferentes ropajes.

La princesa, llamada "Rosita espinosa" (Dornröschen) por los Hermanos Grimm y Aurora en otras versiones, permanece dormida en una torre del castillo, que simboliza el centro, el eje o "axis mundi". El encuentro con el príncipe, sellado con un beso, representa el matrimonio alquímico, la unión de los opuestos, la coincidentia oppositorum, que se produce dentro de nosotros, en nuestro atanor.

Del mismo modo que en Oriente hablamos de Devi Kundalini durmiendo enroscada en el chakra Muladhara, en la base de la columna vertebral, en lenguaje alquímico podríamos hablar del mercurio coagulado, ese mercurio prisionero que puede ser liberado por la acción del Alkahest, es decir del disolvente universal.

El número de hadas en la historia varía. En algunas versiones hay tres hadas, mientras que en otras hay doce, siendo la decimotercera la malvada. Aunque hoy en día el número 13 se asocia con la mala suerte, desde el punto de vista numerológico, este número está relacionado con el cambio espiritual y Schwaller de Lubicz lo interpreta como una potencia generadora, buena o mala, pero en todos los casos generadora de una transformación.

Cuando aparecen doce personajes, el decimotercero (la hada malvada o Judas Iscariote) es el elemento disruptor pero necesario para que la historia se desarrolle y se produzca una transformación. En el Tarot, el arcano 13 representa la muerte, pero esto debe interpretarse como una transición más que como una aniquilación.

De todas formas, el número de hadas siempre es variable: doce para los Hermanos Grimm, siete para Perrault, tres para Tchaikovsky. En todos los casos, son números potentes.

En el cuento, el hada malvada maldijo a la princesa, pero una de las hadas buenas logró atenuar la maldición reduciéndola a 100 años. El número 100, por reducción teosófica, nos remite a la unidad y al fin de un ciclo (1+0+0).

Después de pincharse el dedo con el huso de la rueca, la princesa fue colocada en una lujosa cama bordada de oro y plata, dos metales que aluden al matrimonio alquímico que debe producirse: el sol y la luna. En otras palabras, podríamos entender que la princesa (el alma) duerme entre lo vertical y lo horizontal, lo de arriba y lo de abajo, como una entidad atrapada entre dos mundos.

En el momento en que la maldición se estaba produciendo, el hada buena que logró atenuar la maldición reapareció en escena y para que la princesa no se encuentre sola al despertar, durmió a todo el reino, y todos sus habitantes entraron en una especie de letargo en un no-tiempo, en una cápsula espacio-temporal, en un compartimiento estanco, ajenos al devenir del mundo y envueltos por una vegetación impenetrable, con zarzas y espinas que impedían el paso.

Las espinas siempre aluden a las pruebas iniciáticas, al triunfo sobre las adversidades, lo cual suele ser sintetizado en la frase latina "Ad astra per aspera", o sea "hacia las estrellas a través de las dificultades", teniendo en cuenta que al recorrer la senda iniciática tenemos que estar preparados para enfrentar desafíos de todo tipo: físicos, emocionales, mentales y espirituales.

El palacio de la princesa, es decir el palacio de nuestra alma cubierto por una tupida vegetación y una muralla espinosa, nos está hablando de una gruesa costra que impide ver la realidad, de una energía estancada que necesita ser liberada. Aquí podemos recordar los 70.000 velos de la tradición islámica que nos separan de la fuente primordial y que deben ser desgarrados uno a uno para llegar hasta la fuente de luz, o incluso de los koshas de la tradición vedantina, las cinco capas que cubren a atman (la chispa divina) y que suelen compararse a las capas de una cebolla.

En la tradición occidental, Santa Teresa representó al ser humano como un castillo diamantino y ubicó a la divinidad en el centro de la fortaleza, estableciendo incluso una interesante comparación con el palmito diciendo: *"Poned los ojos en el centro, que es la pieza o palacio adonde está el Rey, y considerad como un palmito, que para llegar a lo que es de comer tiene muchas coberturas que todo lo sabroso cercan..."* (14).

El príncipe, impulsado por un amor sincero, puro y generoso, empuñó una espada que representa siempre la voluntad, y con ésta se abrió paso heroicamente entre las espinas, cortando, penetrando, buscando cumplir su propósito y alcanzando la cima del palacio, la torre donde dormía la princesa.

En la película de Walt Disney de 1959 "La Bella Durmiente", se presentan todos los elementos de manera magnífica: el héroe, la espada, las pruebas (las espinas y el dragón), y finalmente la dama dormida. Cuando el príncipe despierta a la princesa con un beso, la primavera regresa y la vida vuelve al reino. En este sentido, el príncipe debe superar obstáculos y llegar a la estancia más secreta para alcanzar a la princesa. Una vez allí, en el "axis mundi", le da un beso que simboliza la unión de lo masculino y lo femenino, el "hieros gamos", a través del cual el alma puede volver a la vida.

"¡Que me bese con los besos de su boca!" dice el Cantar de los Cantares, y esto no es una redundancia porque coloca el foco en la boca, que es "punto de salida y fuente del soplo", mediante la cual se expresa esta comunión amorosa (común unión) entre dos cosas que están separadas pero que deben estar juntas.

El beso que despierta a la Bella Durmiente representa el amor incondicional, la perfecta complementariedad, la concordancia de los opuestos, el alma y el espíritu. Es el elemento que conecta lo alto y lo bajo.

Cuando la Bella Durmiente abre los ojos, la conciencia se despierta, la serpiente asciende, las costras del mercurio coagulado se disuelven y la luz se abre paso. La primavera regresa y la vida florece. ¡Y que viva el amor!

Versiones consultadas

Grimm, Wilhelm y Jacob: Cuentos de niños y del hogar, volumen 1. Ediciones generales Anaya, Madrid, 1985.
Perrault, Charles: Cuentos de Perrault. Anaya, Madrid, 2010.
Walt Disney Productions: La bella durmiente (Sleeping Beauty), largometraje de animación, 1959.

ANGELINA JOLIE
Disney
MALEFICENT
MISTRESS OF EVIL
OCTOBER 18
IN DOLBY CINEMA, REAL D 3D AND IMAX

Maléfica

En 2014, la compañía Disney presentó una nueva versión de la historia de la Bella Durmiente con la película "Maléfica", en la que el personaje central ya no era Aurora sino su oponente. Esta producción contiene elementos simbólicos interesantes que vale la pena incluir en el presente libro.

"Maléfica" es una reescritura feminista del cuento clásico, con un cambio de roles en el que los personajes femeninos se hacen más fuertes y los masculinos pasan a un segundo plano. El príncipe, que en la versión de Disney de 1959 era el héroe y tenía un rol protagónico y decisivo, aquí desempeña un papel bastante pasivo.

La sociedad ha cambiado mucho desde los años 50, y ya quedan pocas mujeres que esperen pasivamente la llegada de un príncipe azul. A pesar de los cambios (algunos para bien, otros para mal), existe un proceso de revalorización del rol de la mujer en un momento histórico en el que las redes sociales fomentan la división y generan un clima enrarecido de polarización.

Aunque los motivos de Disney para hacer estas películas siempre están asociados a lo económico, "Maléfica" logra un resultado interesante. La película conserva y agrega varios contenidos simbólicos que vale la pena comentar.

Mientras que en "La Bella Durmiente" el sueño de Aurora y la acción del príncipe para despertarla son el eje de la historia, en esta versión, las alas de Maléfica y la traición de un ser humano son el motor de la trama.

Según esta adaptación, Maléfica no es una bruja, sino un hada que protege el páramo y la floresta, viviendo en conexión íntima con los espíritus elementales del bosque para mantener la naturaleza en su estado más puro. Los hombres aparecen alejados de este mundo natural, desconectados de la Madre Tierra. En esta reescritura del cuento, se acusa al hombre y a la sociedad patriarcal de este divorcio con la Tierra y la Naturaleza, y se ve a ejércitos de hombres intentando avasallar el mundo silvestre, sugiriendo que este equilibrio solamente se puede reparar a través de la acción femenina.

Aunque es cierto que el rol masculino ha sido determinante en el proceso de destrucción del medio ambiente, la Filosofía Iniciática advierte que la solución final vendrá por la concordia de lo masculino y lo femenino, la "coincidentia oppositorum" de la que hablaban los alquimistas. Un mundo nuevo y mejor solamente podrá gestarse por la acción conjunta de hombres y mujeres conscientes.

Los cuernos y las alas de Maléfica simbolizan el poder, la protección y la fuerza. Indudablemente, Disney –en 1959– al colocarle cuernos buscó que este personaje fuera asociado con el diablo cornudo, tan bien conocido en Occidente, o bien con el Bafomet de Eliphas Lévi, que tenía atributos caprinos. Sin embargo, en esta nueva versión los cuernos estarían vinculados a lo terrenal y como una reminiscencia a las divinidades silvestres del paganismo, en especial Pan y sus acólitos, los paniscos. De hecho, los neopaganos conciben a un dios astado como una forma de unificar a diversas divinidades con cornamenta, desde Cernunnos en el mundo celta, al Pan de los griegos, el Fauno de romanos, Pasupati una encarnación de Shiva e incluso Osiris, entre los egipcios.

Por otro lado, las alas nos hablan de elevación, de la posibilidad de despegarse de lo material y ocupar un espacio intermedio entre el cielo y la tierra.

Para el platonismo y el neoplatonismo, y también para otras corrientes tradicionales, el alma originalmente tenía alas, las que perdió y que debe recuperar. Desde esta perspectiva, todo camino espiritual consiste en recuperar las alas. El gran filósofo renacentista Marsilio Ficino decía que al Alma –cuando reconoce su verdadera naturaleza– le comienzan a salir alas en su anhelo por regresar a su hogar.

Dice Chevalier: *"El hierro es un metal profano, que no debe ser puesto en relación con la vida. [y] simboliza una fuerza dura, oscura, impura, diabólica".* (15) En otro sentido, el hierro lo podemos vincular con el planeta Marte, con lo masculino y marcial, pero también con el demonio Kali y la oscuridad del Kali-yuga o edad de hierro.

Stefan, destinado a ser el elemento corruptor del género humano con relación a la Madre Tierra, droga y corta las alas de Maléfica en una escena que representa la pérdida de la inocencia y la virginidad a través de un abuso que evidencia una violación. La misma actriz que encarna a Maléfica, Angelina Jolie, aclaró esto en una entrevista señalando que: *"La escritora y yo estábamos conscientes de que esta escena era una metáfora de una violación. Esta es una versión divertida y extremadamente Disney de la historia. Pero en su núcleo está el tema del abuso y cómo las víctimas tienen la opción de también abusar de otros o tratar de superarlo y seguir siendo personas amorosas".*

La pérdida de las alas es un tema central del simbolismo tradicional y se vincula con la caída del ser humano, la pérdida de la conexión con lo trascendente y el desvío del propósito. De acuerdo con Henry Corbin: *"La pérdida de las alas significa para el alma su captura y su prisión en un cuerpo terrestre".* (16)

Por lo tanto, se puede hablar de un exilio del alma, que solamente puede terminar con la recuperación de las alas, ¿a través de qué? del amor, de la conciencia. Sin embargo, Maléfica se llena de odio y resentimiento, reemplazando sus alas perdidas con un bastón que le ayudaba a desplazarse y como punto de apoyo en lo terrenal.

Jean Chevalier comenta que *"el bastón aparece en la simbólica con diversos aspectos, pero esencialmente como arma, y sobre todo, como arma mágica [y actúa como] sostén, defensa, guía, [convirtiéndose] en cetro, símbolo de soberanía, poder y mando".* (17)

Con la mutación de Maléfica, toda la ciénaga cambia y se convierte en un espacio sombrío. En otras palabras: al cambiar la percepción, se modifica la realidad. Su corazón se endurece y, para reforzar esta idea, el trono es representado como una caja torácica donde el odio termina por reemplazar al amor.

Maléfica también construye un muro de espinas para separar radicalmente el mundo feerico del mundo humano y que constituye un obstáculo infranqueable para los hombres, convirtiendo a la ciénaga en un espacio protegido pero también en una prisión.

En su proceso de transformación, Maléfica adopta como asesor y mensajero a Diaval, un cuervo que le da consejos inteligentes y llenos de sentido común.

Las dos historias (la de la Bella Durmiente y la de Maléfica) se conectan y suceden varios acontecimientos que ya hemos comentado antes: la maldición, la quema de las ruecas, la crianza de la niña lejos del peligro, etc.

En estos años que van pasando, la vengativa Maléfica observa con detenimiento el crecimiento de Aurora y se convierte en su protectora, ya que el odio se fue convirtiendo en amor maternal y el hada pasa a ocupar el rol de madrina o madre.

¿Qué simboliza aquí la bella Aurora? Representa la inocencia perdida, es decir que es una alusión muy clara a lo que la misma Maléfica fue en el pasado, antes de ser traicionada, violada. Incluso el nombre de la niña (Aurora) nos está hablando de la luz y de la esperanza del nuevo día.

Por su amor a la pequeña, Maléfica intenta anular su hechizo pero la magia del destino es tan potente que no puede hacer nada, y Aurora tendrá que pincharse el dedo para que la historia se precipite.

En este punto, el príncipe Phillip (un personaje sin fuerza, sin pasión), visita a la Bella Durmiente en su lecho para darle el beso de amor verdadero pero cuando procede el beso no funciona porque no existe en él la chispa del amor. Quizás el príncipe sentía cierta atracción y quizás enamoramiento por Aurora, pero esto no era suficiente.

Destrozada por haber sido la causante del sueño de la muchacha, es la propia Maléfica la que logra despertar a Aurora, dándole un beso de amor maternal (y verdadero) en la frente.

Después de que Aurora despierta de su letargo, Stefan acorrala a Maléfica en una red de hierro mientras Diaval se enfrenta a los soldados convertido en un enorme dragón. Mientras tanto, Aurora encuentra las alas de Maléfica encerradas en una urna y las libera, permitiendo que Maléfica recupere sus alas a través del amor.

Con las alas restauradas, los opuestos se integran y el amor triunfa sobre el odio y el miedo. Como dice el viejo axioma, *"Omnia Vincit Amor"* (el amor todo lo vence).

En su enfrentamiento final con Stefan, Maléfica pronuncia las palabras mágicas de perdón: "It's over" (esto ha terminado). A pesar de esto, Stefan sigue buscando venganza y cae desde la torre, muriendo al instante.

De este modo, se recupera el equilibrio, el muro de espinas se derrumba y Maléfica obtiene la paz.

Versiones consultadas

Perrault, Charles: Cuentos de Perrault. Anaya, Madrid, 2010.
Walt Disney Productions: Maléfica (Maleficent), película de 2014.

La cenicienta

La historia de Cenicienta cuenta que una joven dulce y bondadosa sufre el abuso de su malvada madrastra y sus hermanastras, que la obligan a realizar todo tipo de tareas en la casa. Al finalizar sus labores, la joven se iba a un rincón de la chimenea y se sentaba encima de la ceniza, lo que dio origen a que sus hermanastras le pusieran el apodo de "Cenicienta".

Cuando se anuncia la celebración de un baile en el palacio, sus hermanastras la obligan a trabajar mientras se preparan para el evento. Afortunadamente, su hada madrina aparece, por medio de la magia, le entrega un vestido y un carruaje para que pueda asistir al baile, advirtiéndole que los efectos mágicos durarán solamente hasta la medianoche. En la fiesta del palacio, el príncipe se enamora de ella, pero recordando la advertencia del hada, la muchacha se escapa antes de que termine el baile y pierde uno de sus zapatos de cristal. El príncipe busca en todo el reino a la propietaria del zapato y finalmente encuentra a Cenicienta, con quien vive felizmente para siempre.

Este es un resumen del cuento de Cenicienta. Veamos ahora los aspectos simbólicos de la historia.

El primer punto de interés simbólico es el nombre: Cenicienta, un apodo burlón que le pusieron sus hermanastras en alusión a las grises cenizas de la chimenea. Las cenizas aluden a un fuego que está apagado y, en la casa de Cenicienta, todo está gris y sin luz, desconectado de la fuente de luz, vida y calor. Sin embargo, el hecho de que el fuego esté apagado no quiere decir que no pueda volver a encenderse, y aquí se encuentra una importante lección: siempre hay una oportunidad para renacer y volver a encender la llama de la vida.

En este sentido, podemos trazar un paralelismo entre Cenicienta y el ave fénix, ese pájaro ígneo con una fuerte carga simbólica que debe morir incinerado para luego resurgir de sus propias cenizas, renovado y purificado. Como todo protagonista heroico, la verdadera identidad de Cenicienta está por encima de su pobre apariencia y suciedad, lo que nos lleva a pensar en que, como seres humanos, siempre tenemos la capacidad de superar nuestras circunstancias y encontrar la luz de nuestro interior.

La historia de Cenicienta también nos invita a recordar nuestra verdadera identidad, aquella que está por encima de las apariencias superficiales. En este sentido, podríamos considerar a Cenicienta un diamante en bruto, un ser humano con un potencial infinito que, a pesar de las dificultades, siempre puede brillar con luz propia.

Recordemos el himno de la perla, donde el protagonista, que ha olvidado su noble linaje, recibió una carta donde decía: *"Recuerda que eres el hijo de un rey (...) Recuerda tu vestido de gloria, acuérdate de tu espléndido manto, para que puedas vestirlos y engalanarte con ellos"*. De este modo, al recordar su verdadera identidad, el olvidadizo viajero se quita las ropas harapientas y declara: *"Del ropaje sucio e impuro me desprendí, y lo dejé en su tierra, y busqué un camino que me llevara a la luz de nuestra tierra, Oriente. (...) Mi vestido de gloria y el manto que lo cubría, mis padres los enviaron para mi por los tesoros que guardaban. De su esplendor me había yo olvidado, habiéndolo dejado en la casa de mi Padre cuando era un niño"* (17). Esta misma situación podemos apreciar en la desdichada y sucia Cenicienta, y si reflexionamos con claridad, quizás nos demos cuenta de que también es nuestra situación como seres espirituales viviendo una aventura material lejos de casa.

La chimenea, por su parte, es un símbolo de conexión entre lo alto y lo bajo. En la antigüedad, el hogar era considerado el punto más importante de la casa, el corazón, y el humo se consideraba -desde una perspectiva simbólica- una especie de puente entre la tierra y el cielo.

Para los antiguos, el fuego sagrado del hogar era un símbolo de la presencia divina en la vivienda y en la vida familiar. En la antigua Roma, este fuego hogareño era custodiado por las vírgenes vestales, quienes eran las encargadas de mantenerlo encendido y puro.

Como en muchos cuentos de este tipo, la heroína está atrapada y esclavizada por personajes malvados y sus secuaces. La protagonista, que simboliza el alma pura y resiliente, lucha constantemente para resistir a aquellos que intentan controlarla y oprimirla.

En particular, las antagonistas de este cuento (la madrastra y sus hijas) representan el ego y los múltiples yoes. Estas figuras simbolizan las fuerzas internas que obstaculizan el desarrollo del alma, pero que, al mismo tiempo, son la fuerza de resistencia necesaria para que ésta despierte de su letargo.

En este escenario gris, con Cenicienta casi en estado de cautiverio, llegó el anuncio del baile en el palacio, que podríamos interpretar como la llamada de la que habla Joseph Campbell en sus obras en relación al viaje del héroe. El baile es la esperanza y la posibilidad de escapar del cautiverio, al menos temporalmente, sacando a Cenicienta de su mundo limitado y de su zona de confort.

Sin embargo, la madrastra y sus hijas imponen una inmensa cantidad de tareas a Cenicienta para impedir que asista al baile. Según los relatos clásicos, el baile consta de tres días y Cenicienta luce vestidos distintos y cada vez más impactantes. Este número simboliza la progresión y el avance, relacionado con las tres etapas de la iniciación o fases del despertar, y los trajes se corresponderían con los colores del aura. Algunos simbolistas masónicos han relacionado los tres bailes con los tres viajes del aprendiz y a la cámara de reflexión con la chimenea de la casa de Cenicienta, pero más allá de esto, lo que queda claro es que el número tres tiene una connotación simbólica y que está relacionado con un avance o una progresión.

Finalmente, Cenicienta logra vencer las restricciones gracias a la ayuda del hada madrina, que representa la conexión con las fuerzas sobrenaturales benéficas. Es importante destacar que, en una instancia inicial del cuento (en las versiones clásicas), el padre se va de viaje y pregunta a las tres muchachas qué quieren que les traiga de regalo. Mientras que las dos hermanastras piden adornos y joyas, Cenicienta le pide solamente una rama. Más tarde, Cenicienta plantará la rama junto a la tumba de su madre, la regará con sus lágrimas y ésta se convertirá en un avellano donde harán su nido unas aves que actuarán como intermediarias con los planos sutiles.

Aquí hay varios elementos simbólicos que son cruciales. El árbol, como símbolo axial, de conector entre los mundos, entre lo alto y lo bajo, y las aves que siempre son consideradas mensajeras del cielo y por eso en las tradiciones iniciáticas se suele hablar de la "lengua de los pájaros" ("lingua passerum") a través del cual es posible una comunicación con el ser.

En diferentes versiones del cuento, el tipo de árbol que aparece puede variar, pero a menudo es un avellano, un árbol sagrado y mágico, de gran importancia para los druidas, que representa la sabiduría, la inspiración y la paciencia, ya que sus frutos tardan en madurar.

El hada madrina utiliza magia blanca para transformar a los animales de la casa en lacayos, cocheros y caballos tordos, y convierte una calabaza en un hermoso carruaje. También convierte las ropas harapientas de Cenicienta en un hermoso vestido de princesa.

En el baile, la belleza de Cenicienta (que representa el alma, lo femenino, yin) impacta al príncipe, que representa al espíritu, lo masculino, yang, y ambos reconocen en el otro a su complemento, es decir el fundamento del matrimonio alquímico, la unión de los opuestos, la coincidentia oppositorum.

Pero la magia blanca del hada madrina tiene un límite, una frontera: la medianoche, que representa una encrucijada, el punto más oscuro de la noche, y en algunas tradiciones folklóricas es la "hora bruja" u "hora de las brujas", el momento en que las fuerzas maléficas se apoderan de la noche y se vuelven más activas y poderosas. Por esta razón, en esta transición entre los días, la magia deja de operar y Cenicienta debe regresar a su hogar.

En las dos primeras fiestas, Cenicienta logra regresar a tiempo, pero en la tercera noche pierde uno de sus zapatos, que en algunas versiones es de cristal y en otras de metales preciosos o con perlas incrustadas. El príncipe, acongojado por haber perdido la conexión con la joven, sale de su palacio, es decir abandona el mundo espiritual para emprender la búsqueda del alma en el mundo material.

En las antiguas tradiciones, se creía que el pie era el punto de conexión entre el alma y el cuerpo, o entre lo espiritual y lo material. De esta manera, el calzado que se ajustaba perfectamente al pie se consideraba como un símbolo de armonía entre ambos aspectos.

En el cuento de Cenicienta, el príncipe busca a la dueña del zapatito que solamente puede ser calzado por la mujer misteriosa que conoció en el palacio. Al final, cuando el zapato se ajusta perfectamente al pie de Cenicienta, se produce una reconciliación, un reencuentro, un reconocimiento entre el espíritu y el alma.

Como hemos visto, en este cuento se repiten ciertos patrones y estructuras que hemos podido observar en el simbolismo de otros cuentos tradicionales. En todos los casos, estas historias siempre apuntan a una enseñanza universal y atemporal, que alude al alma y las pruebas que debe atravesar en el mundo, enfrentando al ego y sus secuaces, que buscan mantenerla alejada de su verdadero propósito. En este proceso, el alma aprende lecciones importantes y desarrolla cualidades como la paciencia, la perseverancia y la compasión.

Sin embargo, el destino final del viaje del alma es alcanzar la unión con el espíritu, que representa la totalidad y la trascendencia de la existencia.

Versiones consultadas

Grimm, Wilhelm y Jacob: Cuentos de niños y del hogar, volumen 1. Ediciones generales Anaya, Madrid, 1985.

Perrault, Charles: Cuentos de Perrault. Anaya, Madrid, 2010.

Walt Disney Productions: Cenicienta (Cinderella), largometraje de animación, 1950.

¿Fue masón Walt Disney?

Muchos de los cuentos que hemos analizado en este libro fueron llevados a la pantalla grande por Walt Disney, logrando que se popularizaran y que –al mismo tiempo– no cayeran en el olvido.

Algunas personas critican las versiones de Disney por ser demasiado edulcoradas, pero si revisamos las historias originales, encontramos que hay tanta violencia, sufrimiento y muerte que no podrían ser aceptadas por el público moderno. Sin embargo, Disney se las ingenió para mantener una buena parte del simbolismo original.

Walt Disney, que poseía un enorme olfato comercial, se dio cuenta de que los cuentos clásicos tenían símbolos marcantes, arquetipos e historias con los que todos los seres humanos se identifican. Sus adaptaciones fueron un éxito, gracias a su habilidad para conectar con la audiencia.

Es importante entender a Disney en su contexto histórico: los Estados Unidos después de la crisis de 1929, la Segunda Guerra Mundial y la Guerra Fría. Los estudios Disney jugaron un papel crucial, a veces con un sentido propagandístico muy claro, como en "Los tres caballeros" y "Saludos amigos", donde se intentaba que las naciones latinoamericanas se unieran a la causa aliada fomentando el "panamericanismo". En otras ocasiones, se patrocinaba descaradamente el "american way of life" y las virtudes del capitalismo.

En adición a la faceta comercial de Disney, adaptada a la sociedad de consumo norteamericana, también se ha hablado sobre una posible faceta esotérica de este creador. Sin embargo, ¿es cierta esta información?

En verdad, se han escrito muchas tonterías y exageraciones sobre este tema, especialmente por parte de círculos conspiranoicos que lo han conectado con los Illuminati, los reptilianos y el proyecto MKultra, entre otros.

En ocasiones se ha afirmado que Disney fue iniciado en la Masonería, incluso se ha conjeturado que llegó al grado 33, pero la documentación revela que nunca integró los círculos masónicos sino que perteneció a una organización paramasónica juvenil llamada Orden de Molay, fundada en Kansas City a principios del siglo XX.

Esta Orden toma su nombre del último Gran Maestro de los Templarios, Jacques de Molay, y enseña siete virtudes cardinales: amor familiar, respeto a lo sagrado, cortesía, camaradería, lealtad, limpieza y patriotismo. Algunos han notado que estos valores aparecen con frecuencia en las películas de Disney, y se ha conjeturado que los valores aprendidos por Disney en su juventud fueron su guía a lo largo de su vida.

Por lo tanto, está bien documentado que Disney no fue masón, pero sí miembro de los DeMolay. A veces se dice que fue estudiante de una organización rosacruz, aunque esto es una leyenda urbana, aunque sí es verdad que en su biblioteca personal tenía algunos libros ocultistas, especialmente los del escritor canadiense Manly Palmer Hall y uno particularmente muy revelador: "El destino secreto de América".

Aunque se desvinculó de la Orden en su juventud, Walt Disney siguió luciendo con orgullo su anillo de la Orden deMolay hasta los 40 años y es bien sabido que contrató a un animador que pertenecía a la misma organización (Fred Spencer) el que –con la aprobación del propio Walt– realizó una serie de historietas donde el ratón Mickey organizó un capítulo de este grupo paramasónico.

Sin embargo, hay un misterio vinculado a estas historietas, pues los boletines donde se publicaban las mismas han desaparecido y solamente se han conservado tres planchas. Según cuenta Massimo Introvigne: *"Aunque Disney siempre ha archivado hasta las produc-*

ciones menores, no hay rastro de esta serie "secreta" en los archivos de la compañía, y la propia Orden DeMolay declara que no ha guardado la colección del boletín. Mientras tanto, los historiadores y coleccionistas de Disney, que no son pocos, han podido recuperar hasta el momento solamente tres planchas. [...] Incluso se ignora cuándo terminó la serie, probablemente mucho antes de la trágica muerte de Spencer en un accidente automovilístico en 1938". (19)

Más allá de los famosos largometrajes de Disney inspirados en los cuentos clásicos, es interesante y revelador que los dos personajes principales, el pato Donald y el ratón Mickey, hayan protagonizado películas donde se convierten en iniciado y mago, respectivamente.

En "Donald en el país de las matemáticas" (1959), el pato viaja a la Grecia Antigua para ser iniciado por los pitagóricos con el símbolo del pentagrama. En otras palabras, el más vulgar de los patos (el profano Donald) recibe un conocimiento antiguo conservado por una cofradía enigmática y es iniciado en sus misterios. Uno de los ejes de esta película es la llamada "Geometría sagrada" y el guión se inspiraba en una obra bastante densa y profunda del rumano Mathila Gyka y que se titulaba "El Número de oro: Ritos y Ritmos Pitagóricos en el Desarrollo de la civilización Occidental".

La película culmina con una potente cita de Galileo Galilei: *"Las matemáticas son el alfabeto con el que Dios ha escrito el universo".*

En "Fantasía", Mickey es un aprendiz de brujo en una adaptación del poema de Wolfgang Goethe, muy vinculado a las corrientes iniciáticas del siglo XVIII, y con la musicalización de Paul Dukas. Al comienzo de la historia, el hechicero Yen Sid (que es "Disney" escrito al revés) crea una mariposa de un cráneo, representando la transformación espiritual y la enseñanza hermética de la transmutación. Mickey intenta imitar al hechicero, pero sin una formación adecuada, solo genera caos.

Esto es muy habitual en el ámbito iniciático, donde solemos encontrar neófitos que desean correr antes de aprender a caminar. Personas que claman por poderes psíquicos o que piden ser iniciados en los altos misterios cuando no se dan cuenta que, la mayoría de las veces, estas peticiones proceden del ego, no del ser. El ego quiere poder, reconocimiento, sentirse diferente y por encima de los demás. Pero como dice otro gran filósofo de nuestro tiempo, el gran Peter Parker (!!!): *"Un gran poder conlleva una gran responsabilidad"*.

Siempre es un buen momento para volver a mirar Fantasía, para que rescatar del olvido a Donald en el país de las matemáticas, para que echar un vistazo a Mary Poppins, Pinocho, La Bella Durmiente. Incluso en muchas de las nuevas producciones, que ya no son de Walt sino de la factoría Disney, también hay elementos simbólicos sorprendentes, como en Frozen, Moana, Coco o la nueva versión de Rapunzel.

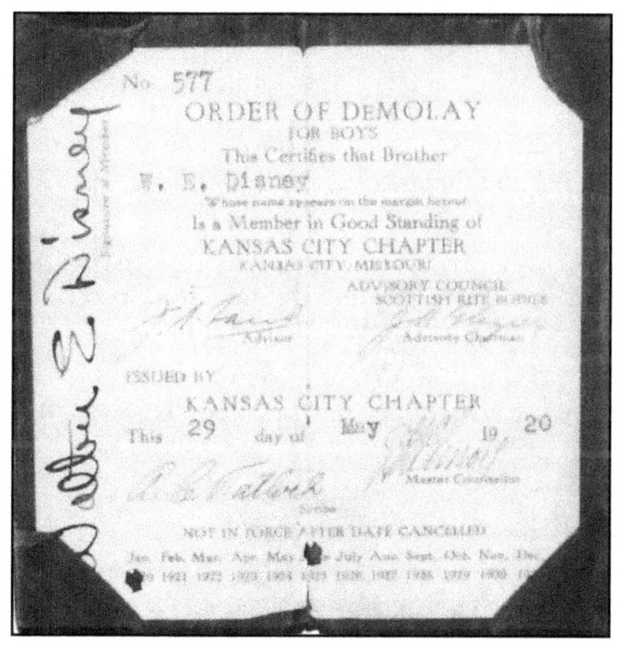

No. 577

ORDER OF DEMOLAY
FOR BOYS

This Certifies that Brother

W. E. Disney

Whose name appears on the margin hereof

Is a Member in Good Standing of

KANSAS CITY CHAPTER
KANSAS CITY, MISSOURI

ADVISORY COUNCIL
SCOTTISH RITE BODIES

Advisor   Advisory Chairman

ISSUED BY

KANSAS CITY CHAPTER

This 29 day of May 19 20

Scribe   Master Councilor

NOT IN FORCE AFTER DATE CANCELLED

Jan. Feb. Mar. Apr. May June July Aug. Sept. Oct. Nov. Dec.

Notas del texto

(1) Cooper, J.C.: ***Cuentos de hadas: alegorías de mundos internos.*** Málaga, Sirio, 2004.

(2) Eliade, Mircea: ***Historia de las creencias y las ideas religiosas***, tomo II. Barcelona, Paidós, 2002.

(3) Eliade, Mircea: ***La prueba del laberinto***. Madrid, Cristiandad, 1980.

(4) Dieckemann, Hans, citado por De Gail De Vos, Anna: ***New Tales for Old Folktales as Literary Fictions for Young Adults***. Michigan, Libraries Unlimited, 1999.

(5) Guénon, René: ***Símbolos fundamentales de la Ciencia Sagrada.*** Barcelona, Paidós, 1995.

(6) Chevalier, Jean: ***Diccionario de los símbolos.*** Barcelona, Herder, 1989.

(7) Tompkins Peter: ***Dalle carte segrete del Duce: momenti e protagonisti dell'Italia fascista nei National Archives di Washington.*** Milán, Saggiatore, 2010.

(8) Tasca, Angelo: ***El nacimiento del fascismo.*** Barcelona, Crítica, 2000.

(7) Boehme, Jacob: ***Dialogues on the Supersensual Life.*** Londres, Methuen & Co., 1901.

(8) Chevalier, Jean: *op. cit.*

(9) Heindel, Max: ***Misterios de las grandes óperas.*** Buenos Aires, Kier, 2010.

(10) Blavatsky, Helena: *La Voz del Silencio.* Buenos Aires, Kier, 1978.

(11) De Mello, Anthony: *El canto del pájaro.* Santander, Sal Terrae, 1991.

(12) Boff, Leonardo: *El águila y la gallina: una metáfora de la condición humana.* Buenos Aires, Bonum, 2021.

(13) Lara Castilla, Alfonso: *La búsqueda.* México, Diana, 1989.

(14) Teresa de Ávila: *Las moradas.* Barcelona, Linkgua ediciones, 2007.

(15) Chevalier, Jean: *op. cit.*

(16) Corbin, Henry: *Avicena y el relato visionario.* Barcelona, Paidós, 1995.

(17) Chevalier, Jean: *op. cit.*

(18) Himno de la perla. Tomado de: Hernández Ibáñez, José Alberto: *Patrología didáctica.* Navarra, Editorial Verbo Divino, 2018.

(19) Introvigne, Massimo en www.cesnur.org

Bibliografía

Andersen, Hans Christian: ***Cuentos clásicos***. Reader's Digest México, México, 2007.

Collodi, Carlo: ***Pinocho***. Editorial Vicens Vives, Barcelona, 2011.

Grimm, Wilhelm y Jacob: ***Cuentos de niños y del hogar***, volúmenes 1 y 2. Ediciones generales Anaya, Madrid, 1985.

Harris, Joel Chandler: ***El tío Remus.*** Páginas de espuma, Madrid, 2019.

Perrault, Charles: ***Cuentos de Perrault***. Anaya, Madrid, 2010

Cinematografía

Walt Disney Productions: ***Blancanieves y los siete enanos*** (Snow White and the Seven Dwarfs), largometraje de animación, 1937.

Walt Disney Productions: ***Cenicienta*** (Cinderella), largometraje de animación, 1950.

Walt Disney Productions: ***El patito feo*** (The Ugly Duckling), cortometraje de animación, 1939.

Walt Disney Productions: ***Enredados*** (Tangled), largometraje de animación, 2010.

Walt Disney Productions: ***La bella durmiente*** (Sleeping Beauty), largometraje de animación, 1959.

Walt Disney Productions: ***Los tres cerditos*** (Three little pigs), cortometraje de animación, 1933.

Walt Disney Productions: ***Maléfica*** (Maleficent), película de 2014.

Walt Disney Productions: ***Pinocho*** (Pinocchio), largometraje de animación, 1940.